FRANÇOIS DE S…

ÉVÊQUE ET PRINCE DE GENÈ…

Par l'Abbé GODESCARD

SUIVIE

DES MAXIMES ET SENTENCES

LES PLUS REMARQUABLES

… DE SAINT FRANÇOIS DE SALES

VIE

DE

S. FRANÇOIS DE SALES.

TROYES, IMPRIMERIE D'ANNER-ANDRÉ.

VIE

DE

S. FRANÇOIS DE SALES,

ÉVÊQUE ET PRINCE DE GENÈVE,

PAR L'ABBÉ GODESCARD;

SUIVIE

DES MAXIMES ET SENTENCES

LES PLUS REMARQUABLES,

QUI SE TROUVENT RÉPANDUES DANS LES ÉCRITS DE SAINT FRANÇOIS DE SALES.

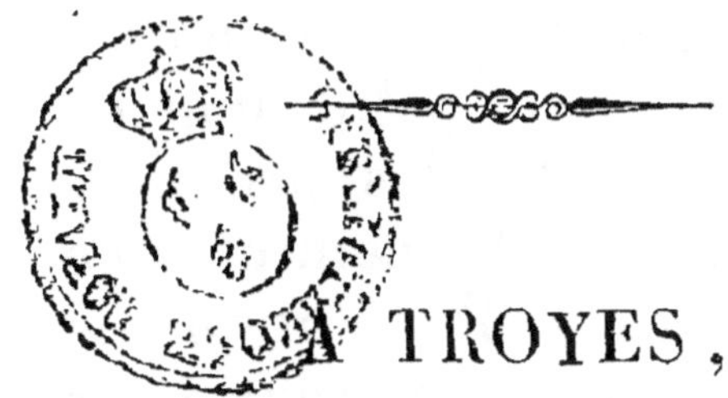

A TROYES,

CHEZ Ve ANDRÉ ET ANNER,

Libraires, Place de l'Hôtel-de-Ville, N° 5.

1829.

VIE

DE

S^{T} FRANÇOIS DE SALES,

ÉVÊQUE ET PRINCE DE GENÈVE.

FRANÇOIS naquit le 21 août 1567, au château de Sales, à trois lieues d'Annecy. Il eut pour père François, comte de Sales, et pour mère Françoise de Sionas, tous deux d'une naissance également illustre, mais beaucoup moins recommandables encore par la noblesse de leur sang, que par la piété dont ils faisaient profession. Dès les premiers mois de sa grossesse, la comtesse de Sales offrit au Seigneur l'enfant qu'elle portait, le priant, avec les sentimens de la dévotion la plus tendre, de le préserver de la corruption du siècle,

et de la priver plutôt du plaisir de s
voir mère, que de permettre qu'ell
mît au monde un enfant qui fût asse
malheureux pour devenir un jour so
ennemi par le péché. Nous verron
bientôt que Dieu exauça une prière s
fervente.

François vint au monde à sept mois
malgré toutes les précautions qu'avai
pu prendre sa mère, ce qui fit que dan
ses premières années il fut extrême
ment faible. On eut beaucoup de pein
à l'élever, et les médecins désespérè
rent plus d'une fois de sa vie. Il échapp
cependant aux dangers de l'enfance, e
devint grand et robuste. On découvri
en lui, à mesure que les traits de so
visage se formèrent, une beauté et de
charmes qui ne permettaient pas qu'o
le vît sans l'aimer. A ce dehors si avan
tageux, il alliait un naturel excellent
une grande pénétration d'esprit, un
modestie rare, une douceur singulière
et une soumission absolue à ses paren
et à ses maîtres.

La comtesse, infiniment attentive
éloigner de son fils tout ce qui avai

même l'apparence du vice, ne le perdait point de vue. Elle le menait à l'église, et lui inspirait un profond respect pour la maison de Dieu et pour toutes les choses de la religion. Elle lui lisait la vie des saints, et joignait à cette lecture des réflexions qui étaient à sa portée. Elle voulut même qu'il l'accompagnât lorsqu'elle faisait la visite des pauvres; qu'il leur rendît les petits services dont il était capable, et qu'il fût le distributeur de ses aumônes. Le jeune enfant répondit parfaitement aux soins que sa vertueuse mère prenait de le former aux exercices de la piété chrétienne. Il faisait ses prières avec un recueillement et une dévotion qui n'étaient point de son âge. Il aimait tendrement les pauvres, et quand il n'avait plus rien à leur donner, il sollicitait en leur faveur la libéralité de tous ses parens; il se retranchait même une partie de sa nourriture pour les assister. Sa sincérité avait quelque chose d'extraordinaire; et toutes les fois qu'il lui arrivait de tomber dans ces fautes ordinaires aux enfans, il aimait mieux être châtié, que d'éviter le châtiment par un mensonge.

La comtesse de Sales, qui appréhendait les dangers si communs dans les écoles publiques, eût bien voulu que l'on n'y envoyât point son fils, et que l'on prît des maîtres capables de lui enseigner sous ses yeux les lettres humaines; mais le comte, qui savait que l'émulation ne contribue pas peu à faire avancer les enfans dans les sciences, fut d'un avis différent, et se persuada que Dieu conserverait des dispositions dont il était l'auteur. Le jeune comte n'ayant encore que six ans, fut envoyé au collége de la Roche, d'où il passa ensuite à celui d'Annecy. Ses progrès le distinguèrent bientôt entre ceux de son âge. Il joignait la plus grande application à une mémoire excellente, à une conception vive, à un jugement solide; aussi les leçons de ses maîtres ne suffisaient-elles pas pour l'occuper, il y suppléait par d'autres exercices propres à étendre ses connaissances; mais son amour pour l'étude ne prenait rien sur les devoirs de la piété. Dans la distribution de ses momens, il savait ménager des intervalles pour nourrir son cœur par la lecture des bons livres, surtout par celle de la vie des saints. Des dispositions si rares dans un enfant, firent juger au comte de Sales que son fils perdrait désormais son temps à Annecy; il résolut donc, en 1578, de l'envoyer à Paris pour y achever ses études.

La comtesse, qui allait perdre son fils pour long-temps, redoubla de zèle pour l'affermir dans la vertu; elle lui recommandait surtout l'amour de Dieu et de la prière, la fuite du péché et des occasions qui y portent. Elle lui répétait souvent ces paroles que la reine Blanche avait coutume de dire à saint Louis : « Mon fils, j'aimerais « mieux vous voir mort, que d'apprendre que vous eussiez commis un « seul péché mortel. » Le jour fixé pour son départ étant arrivé, il se rendit à Paris sous la conduite d'un prêtre habile et vertueux. Il fit sa rhétorique et sa philosophie au collége des Jésuites avec le plus brillant succès; on l'envoya ensuite à l'académie, afin qu'il apprît à monter à cheval, à faire des armes, à danser, et généralement tout ce qu'un gentilhomme de sa qualité ne pouvait ignorer. Il ne se sentait aucun goût pour ces différens exercices; mais parce qu'il se faisait une loi inviolable d'exécuter la volonté de ses parens, il ne laissa pas d'y réussir, et d'acquérir cet air aisé qu'il conserva toujours depuis. Comme il ne s'y appliquait que par manière de divertissement, il cultiva toujours ses premières études, et apprit encore l'hébreu, le grec et la théologie positive sous Génébrard et sous le père Maldonat, jésuite, qui enseignait alors à Paris avec beaucoup de réputation. Six ans se passèrent de la sorte.

Cependant les études dont nous venons de parler ne faisaient pas la seule occupation de François; il donnait une partie considérable de son temps aux exercices de piété, afin d'animer toutes ses actions d'un esprit de christianisme. Son plus grand plaisir était de lire et de méditer l'Ecriture sainte; après ce livre divin, il n'y en avait point dont la lecture le charmât plus que celle du *Combat spirituel*, qu'il portait toujours sur lui. Il cherchait la compagnie des personnes vertueuses, et se plaisait surtout à celle du père Ange de Joyeuse qui, de duc et de maréchal de France, s'était fait capucin. Les entretiens de ce saint homme sur la nécessité de la mortification, portèrent le jeune comte à ajouter à ses dévotions ordinaires, celle de porter le cilice trois fois la semaine. Il fit en même temps le vœu de chasteté perpétuelle dans l'église de Saint-Etienne-des-Grès, où il allait souvent prier, parce que c'était un lieu retiré et éloigné du tumulte; il se mit ensuite sous la protection particulière de la sainte Vierge, qu'il pria d'être son avocate auprès de Dieu, et de lui obtenir la grâce de la continence.

Mais le moment que Dieu avait marqué pour éprouver son serviteur arriva. D'épaisses ténèbres se répandirent insensiblement sur son esprit; une agitation violente prit la place de cette paix profonde dont il avait joui jusqu'alors :

il tomba dans une sécheresse et une mélancolie désespérante; enfin, il se persuada que le Dieu qu'il aimait tant l'avait mis au nombre des réprouvés. Cette affreuse idée le jeta dans des frayeurs qui ne peuvent être connues que de ceux qui ont eu la même tentation. Il passait les jours et les nuits à pleurer et à se plaindre. Une jaunisse universelle se répandit sur son corps; il ne pouvait plus ni manger, ni boire, ni dormir. Son précepteur, qui l'aimait avec tendresse, était d'autant plus affligé de l'état où il le voyait réduit, qu'il en cherchait inutilement la cause. Mais Dieu fit enfin succéder le calme à l'orage. François étant retourné à l'église de Saint-Etienne-des-Grès, sentit ranimer sa confiance à la vue d'un tableau de la sainte Vierge. Il se prosterna devant la mère de Dieu, et se reconnaissant indigne de s'adresser directement au père de toute consolation, il la conjura d'intercéder en sa faveur, et de lui obtenir au moins la grâce d'aimer de tout son cœur, sur la terre, un Dieu qu'il aurait le malheur de haïr éternellement après sa mort. Sa prière était à peine achevée, que le trouble disparut; il lui sembla qu'on lui ôtait un poids accablant de dessus le cœur, et il recouvra sur-le-champ la tranquillité dont il jouissait auparavant.

François ayant achevé ses exercices, fut rappelé par son père qui, en 1584, l'envoya étudier en droit à Padoue sous le célèbre Gui Pancirole. Il s'attacha dans cette ville au Père Antoine Possevin, qu'il chargea du soin de diriger sa conscience et ses études théologiques. Ce pieux et savant jésuite lui expliquait la Somme de saint Thomas, et lisait avec lui les controverses du cardinal Bellarmin; mais il cherchait bien moins à le rendre savant, qu'à l'affermir dans les voies de la perfection où il marchait déjà à grands pas. François se fit un règlement de vie, qui nous a été conservé par son neveu; et on y remarque, entr'autres choses, qu'il se tenait toujours en la présence de Dieu; qu'il faisait tout en vue de lui plaire, et qu'il implorait le secours de sa grâce au commencement de chacune de ses actions. Il sut conserver une chasteté inviolable au milieu de la corruption qui régnait à Padoue. Les piéges que les libertins tendirent à son innocence, ne servirent qu'à multiplier ses triomphes, et à faire éclater la fidélité qu'il avait vouée au Seigneur.

Une maladie dangereuse dont il fut attaqué dans la même ville, lui fournit l'occasion de prouver combien il était détaché du monde, et soumis aux décrets de la divine Providence. On appela les médecins les plus habiles qui, après avoir épuisé inutilement toutes les ressources de leur art, déclarèrent que le jeune comte ne pouvait guérir. Lui seul ne fut point alarmé de son état; il attendait avec résignation, et même avec joie, le moment où son ame, affranchie des liens du corps, irait s'abîmer dans le sein de la Divinité. Son précepteur, accablé de la douleur la plus amère, lui demanda, tout baigné de larmes, ce qu'il voulait qu'on fît de son corps après sa mort. « Qu'on » le donne, dit-il, aux écoliers de mé» decine, pour être disséqué. Je m'es-

» timerai heureux si, après avoir été
» inutile pendant ma vie, je suis de
» quelque utilité après ma mort; par-
» là j'empêcherai encore quelques-
» unes des disputes qui s'élèvent entre
» les étudians en médecine, et les pa-
» rens des morts qu'ils déterrent. »
Mais Dieu qui avait ses desseins sur son serviteur, lui rendit la santé contre toute espérance, et le mit bientôt en état de reprendre ses études. Son cours achevé, il reçut le bonnet de docteur, après s'être tiré des épreuves ordinaires avec une supériorité de talens qui le fit admirer de tout ce qu'il y avait de savans à Padoue.

Pendant que le jeune comte, qui avait alors vingt quatre ans, se préparait à retourner dans sa famille, il reçut une lettre de son père, par laquelle il lui était ordonné de faire le voyage d'Italie. Il partit donc pour Ferrare, d'où il se rendit à Rome. Lorsqu'il se vit dans cette ville, son premier soin fut de visiter les lieux saints. Attendri à la vue des tombeaux des martyrs, il ne pouvait retenir ses larmes. Les débris de la magnificence de l'ancienne Rome lui rappelaient le néant des grandeurs humaines, et resserraient de plus en plus les liens sacrés qui l'attachaient à Dieu. De Rome, il alla à Notre-Dame de Lorette, après quoi il parcourut les plus célèbres villes d'Italie. Enfin, son voyage étant achevé, il reprit la route de sa patrie. Toute sa famille, qui l'attendait au château de la Thuile, le reçut avec les plus grandes démonstrations de joie; elle fondait sur lui ses plus belles espérances, en le voyant réunir dans le degré le plus éminent toutes les qualités de l'esprit et du cœur. En effet, le jeune comte charmait tous ceux qui le voyaient. Claude de Granier, évêque de Genève, et Antoine Faure, qui fut depuis premier président du sénat de Chambéry, ne l'eurent pas plus tôt connu, qu'ils conçurent pour lui les sentimens de l'estime et de l'amitié les plus sincères; et quoique notre saint ne fût encore que laïque, l'évêque le consultait, même sur des affaires ecclésiastiques.

Comme François était l'aîné de sa

famille, son père lui avait ménagé un riche parti, et lui avait obtenu du duc de Savoie les provisions d'une charge de conseiller au sénat de Chambéry; mais il refusa l'un et l'autre, sans oser cependant déclarer le dessein qu'il avait d'entrer dans l'état ecclésiastique; il s'en ouvrit seulement à son précepteur, et le pria d'en conférer avec son père. Le maître ne voulut point se charger d'une commission aussi délicate; il employa même tout le crédit qu'il avait sur l'esprit de son élève, pour lui faire quitter une telle résolution. Il lui représenta fortement qu'étant l'aîné de sa famille, il ne devait pas renverser l'ordre de la nature; que cette qualité l'obligeait à rester dans le monde, pour être le soutien de son illustre maison; que c'était là le but où avaient tendu les soins que l'on avait pris de son éducation, et qu'après tout, on pouvait faire son salut dans le monde, lorsqu'on y était placé par la Providence.

François, voyant qu'il ne pouvait compter sur son précepteur, s'adressa à Louis de Sales son cousin, chanoine de la cathédrale de Genève, pour avoir le consentement de son père : il le mit si bien dans ses intérêts, qu'il réussit, mais après de grandes difficultés. La prévôté de l'église de Genève étant alors vacante, Louis de Sales la demanda au pape pour son parent, et l'obtint. Le jeune comte, qui avait entièrement ignoré les démarches de son cousin, reçut avec une grande surprise la nouvelle de sa nomination à cette dignité; il protesta qu'il ne l'accepterait pas, et ce ne fut qu'avec beaucoup de peine qu'on le détermina à en prendre possession. Il n'eut pas plus tôt reçu le diaconat, que son évêque le chargea du ministère de la parole. Ses premiers sermons lui attirèrent beaucoup de réputation, et produisirent les plus grands fruits. Effectivement, il possédait toutes les qualités requises pour réussir en ce genre : il avait l'air grave et modeste, la voix forte et agréable, l'action vive et animée, mais sans faste et sans ostentation; il parlait avec une onction qui faisait bien voir qu'il donnait aux autres de l'abondance et de la plénitude de son cœur. Avant de prêcher, il avait soin de se renouveler devant Dieu par des gémissemens secrets et pas des prières ferventes. Il étudiait aux pieds du crucifix encore plus que dans les livres, persuadé qu'un prédicateur ne saurait faire de fruit, s'il n'est homme d'oraison.

Quand il vit approcher le jour où il allait être élevé au sacerdoce, il s'y prépara avec une ferveur toute céleste; aussi reçut-il, avec l'imposition des mains, la plénitude de l'esprit sacerdotal. Il se fit un devoir d'offrir tous les jours le saint sacrifice de la messe, et il s'acquittait de cette sublime fonction avec une piété vraiment angélique. On se sentait pénétré de la plus tendre dévotion en le voyant à l'autel : ses yeux et son visage s'enflammaient visiblement, tant était grande l'activité du feu divin qui embrasait son cœur. Après la messe, qu'il avait coutume de dire de grand matin, il entendait les confessions de toutes les personnes qui se présentaient. Il aimait à parcourir les villages, pour instruire cette portion du troupeau de Jésus-Christ, qui vit d'ordinaire dans une profonde ignorance de ses devoirs; sa piété, son désintéressement, sa charité pour les malades et pour les pauvres, le faisaient chérir dans tous les lieux où il passait, et lui attiraient la confiance du peuple. Ces pauvres villageois, dont la simplicité rebute les ames communes, il les regardait comme ses enfans; il vivait avec eux comme leur père; il compatissait à leurs besoins, et se faisait *tout à tous.* Mais rien ne lui gagnait les cœurs avec autant d'efficacité, que sa douceur inaltérable, et à l'épreuve de toutes les contradictions. Tout le monde ne sait peut-être pas que l'acquisition de cette vertu lui avait coûté bien des combats. Nous apprenons de lui-même qu'il était naturellement vif et porté à la colère; et l'on remarque dans ses écrits un certain feu, une sorte d'impétuosité qui ne laissent aucun lieu d'en douter. Dès sa jeunesse, il se fit les plus grandes violences pour réprimer les saillies de la nature; et, à force d'étudier à l'école d'un Dieu doux et humble de cœur, il vint à bout d'établir sur les ruines de sa passion dominante, le règne d'une vertu qui a fait son caractère distinctif. Ce fut surtout cette douceur qui dessilla les yeux aux calvinistes les plus opiniâtres, et qui arracha soixante-douze mille ames du sein de l'hérésie. Il établit à Annecy la confrérie de la croix, un an après qu'il eut été ordonné prêtre. Les associés s'engageaient à instruire les ignorans, à consoler les malades et les prisonniers, à éviter tous les procès, ordinairement si préjudiciables à la charité chrétienne. L'érection de cette confrérie donna lieu à un ministre calviniste d'écrire contre l'honneur que les catholiques ont coutume de rendre au signe sacré de notre salut. François, qui entendait parfaitement la controverse, réfuta solidement le ministre dans un ouvrage intitulé, *l'Etendard de la Croix*, auquel on ne fit point de réplique.

Nous devons présentement considérer notre saint aux prises avec les hérétiques; mais avant que de le suivre dans ses travaux apostoliques, il faut reprendre les choses d'un peu plus haut. Genève ayant refusé d'obéir à son évêque et au duc de Savoie, qui tous deux prétendaient avoir la souveraineté de cette ville, s'était érigée en république, et était devenue le centre du calvinisme. Quelque temps après, les Genevois s'emparèrent du duché de Chablais, et des bailliages de Gex, Terni et Gaillard, tandis que les Suisses protestans du canton de Berne se rendaient maîtres du pays de Vaud. Ils en bannirent la religion catholique, à laquelle ils substituèrent l'hérésie de Calvin, qui y régna soixante ans. Mais Dieu ne permit pas qu'ils jouissent plus long-temps du fruit de leur usurpation. Charles-Emmanuel, duc de Savoie, reprit sur eux le Chablais et les trois bailliages. Le premier soin de ce prince fut d'y rétablir la foi sur les ruines de l'erreur. Il écrivit donc à l'évêque de Genève, pour lui communiquer ses pieux desseins; et pour lui demander des missionnaires.

A ne juger de cette entreprise qu'avec les yeux de la prudence humaine, le succès en était impossible : aussi l'évêque de Genève ne put-il venir à bout de faire goûter le projet de la mission à ceux auxquels il le proposa; au lieu donc de s'offrir pour l'entreprendre, ils employèrent les raisons les plus spécieuses pour l'en dissuader; et c'en était fait de cette bonne œuvre, si François, plus zélé et plus courageux que les autres, ne se fût présenté pour y travailler. Son exemple fut suivi de celui de Louis de Sales son parent. L'évêque résolut de commencer la mission avec ces deux ouvriers, et il se flatta que Dieu répandrait sa bénédiction sur leurs travaux. L'événement prouva que ses espérances n'étaient point vaines. Cependant le comte de Sales, qui ne voyait que des dangers dans l'entreprise dont son fils s'était chargé, mit tout en usage pour l'en détourner; il employa aussi toutes les personnes qui avaient quelque autorité sur son esprit. Les représentations les plus pressantes n'ayant pas eu le succès qu'on en attendait, on y joignit les prières et les larmes; mais tout fut inutile; le saint n'écouta que l'ardeur de son zèle, et partit avec son parent le 9 septembre 1594. Quand les deux missionnaires se virent sur les frontières du Chablais, ils renvoyèrent leurs chevaux, et marchèrent à pied, afin d'imiter plus parfaitement les apôtres. Pleins de confiance en Dieu, ils implorèrent son secours par l'intercession des anges et des saints tutélaires du pays.

François commença la mission par Tonon, capitale du Chablais, où il n'y avait que sept catholiques. Il était obligé d'en sortir tous les soirs pour aller coucher à deux lieues de là, c'est-à-dire, au château des Allinges, dont le gouverneur et une grande partie de la garnison professaient la vraie foi. Les calvinistes furent long-temps sans vouloir l'entendre; ils attentèrent même à sa vie : mais Dieu le délivra de leurs mains. Une conspiration formée contre lui ayant ensuite été découverte, il s'intéressa si vivement en faveur de ses ennemis, qu'il obtint que l'on ne ferait point de poursuites contre eux. Ses parens et ses amis, alarmés du danger continuel où il était d'être assassiné, firent de nouveaux efforts pour le rappeler. Le comte de Sales était le plus ardent de tous : il manda à son fils qu'il devait absolument abandonner une entreprise que toutes les personnes sensées désapprouvaient ; qu'il y avait une opiniâtreté condamnable à vouloir suivre un projet dont l'exécution était impossible, et que s'il ne revenait au plus tôt, il ferait mourir sa mère de douleur. Le saint, qui n'était touché que de la gloire de Dieu, resta inébranlable ; les obstacles mêmes ne servaient qu'à donner plus d'activité à son zèle. Il espérait toujours que le moment de la miséricorde arriverait : il ne se trompa point. La vérité se fit jour à la fin, et dissipa les ténèbres de l'erreur par l'éclat de sa lumière. Les soldats calvinistes de la garnison des Allinges furent la première conquête de François ; il dissipa leurs préjugés, réforma leurs mœurs, et bannit d'entr'eux l'ivrognerie, les duels et les blasphêmes. Les habitans du Chablais s'humanisèrent peu à peu à son égard ; ils vinrent l'entendre, et bientôt ils coururent en foule à ses discours. Plusieurs d'entr'eux abjurèrent l'hérésie, malgré tous les ressorts que les ministres firent jouer pour les y retenir. François eut beau leur proposer des conférences publiques, jamais ils ne voulurent les accepter. Ceci, joint aux violences qu'ils avaient employées contre le saint, et surtout contre un de leurs confrères qui s'était converti, rendit suspecte la cause qu'ils défendaient; au contraire, la conduite toute apostolique du missionnaire, sa piété, sa douceur, sa charité, son zèle infatigable que rien ne pouvait rebuter, étaient comme autant de voix qui criaient aux calvinistes que lui seul était le prédicateur de la vérité.

Une des conversions qui firent le plus de bruit, fut celle du baron d'Avuli : ce seigneur jouissait de la plus haute considération parmi les calvinistes. Il arriva vers ce temps-là une autre chose qui fit perdre aux ministres le peu de crédit qui leur était resté. D'Avuli, indigné que la Faye, le plus fameux d'entr'eux, eût manqué lâchement à la parole qu'il avait donnée d'entrer en dispute avec le saint missionnaire, mena François chez lui à Genève. La conférence dura trois heures; mais toutes les fois que le ministre se sentait pressé, il se jetait sur une autre question, de sorte que rien ne pouvait être décidé. il lui fut aisé de lire sur le visage des assistans, que le désavantage était de son côté. Il ne s'en fut pas plus tôt aperçu, qu'il rompit la conférence par un torrent d'injures qu'il vomit contre le saint. Celui-ci les écouta avec sa douceur ordinaire, sans laisser échapper un seul mot qui marquât la moindre aigreur. L'issue de cette dispute ne fit qu'affermir de plus en plus la conversion du baron d'Avuli.

Le duc de Savoie, informé du succès de la mission, manda François à Turin, afin de conférer avec lui sur les moyens de conduire à sa perfection le grand ouvrage qu'il avait si heureusement commencé. Le saint, de retour à Tonon, se mit en possession de l'église de Saint-Hippolyte, la fit rétablir, et y célébra les saints mystères la veille de Noël l'an 1597 : huit cents personnes y communièrent de sa main; il prêcha avec son zèle ordinaire, et toute la nuit se passa à louer Dieu. Les fêtes suivantes, il continua les mêmes exercices de piété, et il eut la consolation de voir augmenter tous les jours le nombre des prosélytes. Il regarda depuis l'église de Saint-Hippolyte, comme celle dont il était le propre pasteur.

François pensa ensuite à exécuter la commission dont le pape Clément VIII l'avait chargé. Il s'agissait de travailler à faire rentrer dans le sein de l'Eglise Théodore de Bèze le plus ferme appui du calvinisme; il alla donc le trouver quatre fois à Genève, et lui proposa des conférences qui furent acceptées. Le ministre, pressé par les raisons de son adversaire, fit connaître par son morne silence et par ses yeux égarés et distraits, qu'il balançait s'il ne se réunirait pas à une Eglise dans laquelle il avait avoué qu'on pouvait se sauver. Il dit même une fois, en levant les yeux au ciel : « Si je ne suis pas dans le bon » chemin, je prie Dieu tous les jours » que, par son infinie miséricorde, il

» lui plaise de m'y mettre. » Le saint missionnaire espérait qu'une cinquième conférence achèverait de dissiper tous les doutes du ministre : mais ceux de Genève, à qui ses premières visites avaient donné de l'ombrage, observèrent Bèze de si près, qu'elle ne put avoir lieu. Le ministre mourut peu de temps après. On dit que dans ses derniers momens il marqua une grande douleur de ce qu'il ne pouvait parler ; du moins est-il certain qu'il parut fort irrésolu dans la quatrième conférence. D'un côté il était frappé du vif éclat de la lumière qui brillait à ses yeux ; mais de l'autre, il était chef du parti, et il en eût trop coûté à son orgueil pour donner une rétractation ; d'ailleurs, il lui eût fallu renoncer à des passions honteuses et secrètes, dont il n'eut jamais le courage de briser le joug.

Cependant notre saint continuait toujours avec le même fruit ses travaux apostoliques dans le Chablais. La peste dont la ville de Tonon fut affligée, lui fournit une nouvelle occasion de faire éclater son zèle et sa charité. Supérieur aux impressions de crainte dont ce terrible fléau frappe souvent les cœurs les plus intrépides, il se dévoua généreusement au service des pestiférés. Il volait partout où il y avait des malades, afin de procurer aux ames et aux corps tous les secours dont ils avaient besoin. Les hérétiques, qui ne voyaient rien de tel dans leurs ministres, en furent extrêmement édifiés; aussi le calvinisme faisait-il sans cesse de nouvelles pertes. Des bourgs entiers venaient faire abjuration; et François, avec l'aide de quelques ouvriers évangéliques qu'on lui avait envoyés, fut bientôt en état de former plusieurs paroisses. Enfin, les erreurs de Calvin furent bannies, en 1598, du Chablais et des bailliages de Terni et de Gaillard, et l'on fit partout une profession publique de la vraie foi.

Il fallait, pour opérer ce merveilleux changement, un homme tel que notre saint, c'est-à-dire, un missionnaire animé du zèle le plus pur, incapable d'être rebuté par les fatigues et les difficultés, intrépide au milieu des dangers les plus évidens, plein de cette douceur qui n'est point déconcertée par les contradictions, insensible aux affronts et aux calomnies, en un mot, un François de Sales.

Un succès aussi prompt et aussi inespéré, joint à d'éminentes vertus, attira à notre saint les louanges les plus flatteuses de la part du souverain pontife, du duc de Savoie et de toute l'Eglise; mais elles ne firent pas la moindre impression d'orgueil sur son ame, solidement établie dans l'humilité. Il possédait cette vertu dans un si sublime degré, qu'il se réservait toujours ce qu'il y avait de plus pénible et de plus humiliant dans l'exercice du ministère, laissant aux autres les fonctions les plus honorables. Les peuples savaient toutefois le distinguer, et ils avaient une telle confiance en lui, que tous le choisissaient pour directeur. Rien ne pouvait résister à la force toute-puissante de sa piété et de sa douceur; elle était sûre de triompher du vice et de l'hérésie dès qu'elle les attaquait.

François, jugeant que sa présence n'était pas si nécessaire dans le Chablais, revint à Annecy, en 1596, pour rendre compte à son évêque de la commission dont il l'avait chargé conjointement avec le duc de Savoie. Il ne s'attendait pas que le prélat lui proposerait de le faire son coadjuteur. Jamais surprise ne fut semblable à la sienne; effrayé des dangers de l'épiscopat, il conjura son évêque de fixer son choix sur un autre sujet, ajoutant qu'il était tout-à-fait indigne de cette sublime dignité. Claude de Granier ne pouvant obtenir son consentement, mit dans ses intérêts le pape et le duc de Savoie. François se soumit à la fin; mais ce fut uniquement dans la crainte de résister à la volonté de Dieu qui se manifestait par la voix de ses supérieurs; et ce qui prouve la sincérité de ses dispositions, c'est que l'idée de la grandeur des devoirs attachés à l'épiscopat, le frappa si vivement, qu'il fut pris d'une maladie dangereuse dont il pensa mourir. Dès que sa santé fut rétablie, il partit pour Rome, afin de recevoir ses bulles, et de conférer avec sa Sainteté sur plusieurs points relatifs aux missions de Savoie. Il fut traité dans cette ville avec tous les égards et toute la distinction due à son mérite. Le pape, qui ne le connaissait que de réputation, ne l'eut pas plus tôt entretenu, qu'il conçut pour lui la plus haute estime. Il le nomma évêque de Nicopolis et coadjuteur de Genève, puis lui fit expédier les bulles. Le saint n'ayant plus rien qui le retînt à Rome, alla visiter l'église de Notre-Dame de Lorette, et reprit la route d'Annecy : il passa par Turin, pour presser l'exécution des brefs donnés par le souverain pontife. Il s'agissait de la restitution des biens ecclésiastiques du Chablais, qui étaient entre les mains des ordres militaires de Saint-Maurice et de Saint-Lazare. Cette restitution, que le saint coadjuteur demandait avec instance, avait souffert jusque-là de grandes difficultés; mais il l'obtint à la fin. Ces biens ayant fourni des fonds suffisans pour établir des pasteurs et pour rebâtir les églises et les monastères, le Chablais prit une face toute nouvelle, et la religion catholique s'y affermit de plus en plus.

Les syndics d'Annecy, qui connaissaient tout le mérite du saint coadjuteur, le prièrent de prêcher le carême de l'année 1600. Il leur accorda ce qu'ils lui demandaient; mais lorsqu'il était près de se mettre en chemin, il apprit que le comte son père était dangereusement malade. Il se rendit en diligence au château de Sales, et, quoique pénétré de la douleur la plus vive il eut le courage de consoler sa famille, d'administrer les derniers sacremens à son père, et de l'exhorter à la mort. La diminution de la maladie ayant donné quelque lueur d'espérance, il partit pour Annecy; mais quelques semaines après, il fut obligé de revenir au château de Sales, afin de rendre les derniers devoirs à son père. (1) Il retourna ensuite à Annecy, où il acheva de prêcher le carême.

(1) François avait fait la cession de ses biens et de ses droits à Louis de Sales son frère, qui était plus jeune que lui de dix ans. Il le forma,

Le bailliage de Gex ayant été cédé à Henry IV par le traité de paix conclu entre ce prince et le duc de Savoie, le saint se rendit à la cour de France, afin d'obtenir de sa majesté très-chrétienne la permission de travailler à la conversion des peuples de ce bailliage. Tout Paris s'empressa de lui donner les marques les plus flatteuses des sentimens que son rare mérite avait fait naître. Comme il était resté dans cette

par ses instructions et par ses exemples, à la plus sublime pratique de la douceur, de l'humilité, et de toutes les autres vertus chrétiennes. Louis de Sales ne pouvait penser aux piéges dont Dieu l'avait délivré dans sa jeunesse, sans déplorer avec amertume le triste état des jeunes gens qui sont exposés à tant de dangers, surtout de la part des libertins. Il priait fréquemment pour eux, et leur proposait un remède qui lui avait merveilleusement réussi dans les plus violentes tentations. C'était de se dire à eux-mêmes, au fort de la tentation : « Ah ! chrétien infidèle, pourrais-tu être « assez lâche que de consentir à déshonorer et à « effacer en toi l'image de Dieu ? » Le comte Louis de Sales vit élever, en 1645, son fils Charles-Auguste sur le siége de Genève. Ce siége avait été rempli auparavant par Juste Guérin, religieux barnabite, qui fut sacré en 1637. Guérin avait pris la place de Jean-François de Sales, frère et successeur immédiat de notre saint. Pour revenir au comte Louis de Sales, il mourut, en ville pendant le voyage de Fontainebleau, on le pria de prêcher le carême suivant à la cour dans la chapelle du Louvre. On ne peut dire jusqu'à quel point il y fut goûté, et combien ses discours opérèrent de conversions. Sachant qu'il y avait des calvinistes dans son auditoire, il donna un sermon sur la prétendue réforme, qu'il attaqua par ses fondemens, en démontrant que les ministres étaient sans

1654, entre les bras de Charles-Auguste son fils, à l'âge de 78 ans. Lorsque son fils l'exhortait, dans ses derniers momens, à se soumettre avec résignation à la volonté de Dieu, il lui répondait, en répétant ce distique qu'il avait souvent à la bouche:

Sive mori me, Christe, jubes, seu vivere mavis,
Dulce mihi tecum vivere, dulce mori.

Quoiqu'il possédât dans un éminent degré l'esprit de prière, de retraite, d'humilité, de douceur et de charité, il n'y avait pourtant point de vertu qui brillât plus en lui que le détachement de toutes les choses terrestres. Il pratiqua à la lettre cette belle maxime de S. François de Sales son frère : Qu'un chrétien doit être sur la terre, comme dans un tombeau ; en sorte que son esprit et son cœur soient toujours dans le ciel, la vraie terre des vivans. Toutes les fois qu'il entendait prononcer le mot de *paradis*, il ne pouvait contenir sa joie, tant il était frappé de cette consolante pensée, que Dieu nous a créés pour jouir de lui pendant l'éternité.

autorité légitime, puisqu'ils ne tenaient leur mission que d'une troupe de laïques auxquels le droit d'envoyer des pasteurs ne pouvait appartenir. Ce sermon ouvrit les yeux à plusieurs calvinistes, entr'autres, à la comtesse de Perdrieuville, qui avait plus de prévention que de lumières. Les ministres n'ayant pu dissiper ses doutes, elle alla trouver le coadjuteur de Genève, qui dans des conférences particulières acheva de la convaincre. Elle fit abjuration avec toute sa famille. Sa conversion fut suivie de celle de l'illustre maison de Raconis, et de celle d'un si grand nombre de zélés défenseurs de la prétendue réforme, que le célèbre cardinal du Perron, alors évêque d'Évreux, ne put s'empêcher de dire : « Je suis sûr de convaincre les calvi-» nistes ; mais pour les convertir, c'est » un talent que Dieu a réservé à mon-» sieur de Genève. » Le carême fini, les duchesses de Longueville et de Mercœur, qui connaissaient la modicité des revenus du saint et ses aumônes abondantes, lui envoyèrent une somme d'argent considérable dans une bourse fort riche. François admira la beauté du travail de la bourse sans l'ouvrir; puis l'ayant rendue au gentilhomme qui la lui avait apportée, il le pria de remercier de sa part les princesses de l'honneur qu'elles lui avaient fait d'assister à ses sermons, et d'avoir contribué par leur bon exemple au fruit qu'ils avaient pu faire. Le roi, informé du talent singulier qu'avait notre saint pour la prédication, voulut l'entendre lorsqu'il fut de retour à Paris. Il l'entendit en effet avec la plus grande satisfaction, et il conçut de lui une si haute idée, qu'il le consulta plusieurs fois dans la suite sur des matières qui concernaient la direction de sa conscience. Ceci arriva en 1602.

François servit beaucoup au cardinal de Bérulle pour l'établissement des carmélites en France, et pour celui de la congrégation de l'oratoire. Il n'y avait point d'assemblée de piété où il ne fût invité, point de projet de dévotion qui ne lui fût communiqué, ni de bonne œuvre sur laquelle on ne prît son conseil. Henri IV, qui l'estimait de plus en plus, forma le dessein de l'attacher absolument à la France. Il lui fit donc offrir le premier évêché vacant, et, en attendant, une pension de quatre mille livres. Le saint répondit que, pour l'évêché, Dieu l'avait appelé malgré lui à celui de Genève, et que, pour suivre sa vocation, il se croyait obligé de le garder toute sa vie. Quant à la pension, ajouta-t-il, le peu que j'ai suffit pour m'entretenir, et ce que j'aurais au-delà ne servirait qu'à m'embarrasser. Le roi fut touché d'un désintéressement dont il n'avait point encore vu d'exemple; et ce qui prouve la sincérité de ce désintéressement, c'est qu'il ne se démentit jamais, notre saint n'ayant eu toute sa vie d'autre revenu que celui de son évêché, lequel ne montait qu'à quatre ou cinq mille livres de rente.

Qui croirait qu'un homme dont la vertu était si pure, dût trouver des ennemis à la cour? Cependant on l'accusa auprès du roi d'être l'espion du duc de Savoie. Il en fut averti lorsqu'il allait monter en chaire; il ne fit paraître aucune émotion, et il prêcha avec son zèle ordinaire, laissant à Dieu le soin de son innocence. Le prince, qui avait lui-même l'ame si belle et si grande, ne s'en laissa point imposer par les couleurs que la calomnie sut donner à l'accusation; il ne put croire qu'un homme dont la vie était si sainte, et dont toutes les actions portaient l'empreinte de la candeur, fût propre à l'indigne personnage qu'on lui faisait jouer. Cette affaire n'eut donc point d'autres suites, ou plutôt elle ne servit qu'à combler de gloire le saint coadjuteur. Sa présence n'étant plus nécessaire à la cour de France, il prit congé du roi, et le pria de lui accorder des lettres dont il pût faire usage dans le besoin. Il partit ensuite pour Annecy, neuf mois après son arrivée à Paris. Il reçut en route la nouvelle de la mort de Claude de Granier, évêque de Genève, prélat dans lequel avaient brillé toutes les qualités et toutes les vertus qui caractérisent les dignes pasteurs

Notre saint alla descendre au château de Sales, qu'il avait choisi pour le lieu de son sacre. Il se prépara à cette auguste cérémonie par une retraite de vingt jours, et la commença par une confession générale de toute sa vie. Ce fut pendant cette retraite qu'il régla le plan de vie qu'il voulait suivre, et dont il ne s'est jamais départi. Ce réglement est trop édifiant, pour que nous le passions sous silence; il faut au moins que nous en donnions une idée. Le saint promit à Dieu de ne point porter d'étoffes trop éclatantes, telles que le camelot et la soie; mais d'être toujours vêtu de laine comme avant son épiscopat; de bannir de sa maison la magnificence des meubles, et de n'y mettre que des tableaux de dévotion; de n'avoir ni carrosse, ni litière, et de faire à pied la visite de son diocèse. Il réduisit son domestique à deux prêtres, l'un destiné à lui servir d'aumônier, et l'autre à prendre soin de son temporel et des gens qui lui seraient attachés. Il se fit une loi de n'avoir que des viandes communes sur sa table, à moins qu'il ne survînt quelque personne distinguée. Il s'obligea à se trouver à toutes les fêtes de dévotion qui se célébreraient dans la ville; à regarder les pauvres comme ses enfans, et à les visiter lui-même dans leurs maladies; à se lever tous les jours à quatre heures du matin, puis à faire une heure de méditation, qui serait suivie de la récitation de laudes et de prime. Il se chargeait lui-même de présider à la prière de ses domestiques. Tout le reste du temps, jusqu'à neuf heures qu'il devoit dire la messe, et cela tous les jours, était partagé entre l'étude et la lecture de l'Écriture sainte. Après la messe, les affaires de son diocèse devaient l'occuper jusqu'au dîner. Au sortir de table, il donnait une heure à la conversation, et reprenait les affaires du diocèse; si elles lui laissaient du temps, il le consacrait à l'étude et à la prière. Après souper, il devait pendant une heure lire un bon livre à ses domestiques, et terminer cette lecture par la prière du soir; ensuite il se retirait pour dire matines. Il s'engagea à jeûner tous les vendredis et les samedis, ainsi que les veilles des fêtes de la sainte Vierge, et à ne jamais s'absenter de son diocèse sans des raisons très-fortes, et toujours tirées de l'utilité de l'Église et du prochain. Quoique le saint ne se fût point prescrit de pénitences extraordinaires, il ne laissait pas de porter le cilice, et de prendre la discipline; mais il se cachait dans ces pratiques avec d'autant plus de soin, qu'il était ennemi de tout ce qui sentait l'ostentation. Au reste, les mortifications extérieures sont beaucoup moins méritoires, qu'une exacte et constante fidélité à remplir les devoirs d'une vie commune en apparence; surtout lorsqu'elle est accompagnée d'un renoncement entier et perpétuel à soi-même. Or, c'est ce que l'on remarqua toujours dans saint François de Sales.

Cependant le jour de son sacre arriva, et il reçut l'onction sainte le 8 décembre 1602. Une foi vive lui ayant découvert toute l'étendue de ses devoirs, il ne pensa plus qu'à s'en acquitter dignement. Il se livra tout entier aux fonctions du ministère, et surtout à la prédication. Moins jaloux de multiplier le nombre des ministres, que d'en avoir de bons, il n'admit aux ordres sacrés que ceux qu'il avait trouvés capables après un mûr examen. Il établit pour l'instruction des ignorans des catéchismes solides qui se faisaient régulièrement les dimanches et les fêtes; il ne dédaignait pas, pour les animer, d'exercer souvent lui-même la fonction de catéchiste. Les pasteurs subalternes se piquèrent d'émulation, et les laïques avancés en âge ne rougirent plus d'assister à ces instructions familières, qui sont plus importantes qu'on ne pense, et qui procurent des fruits merveilleux lorsqu'elles sont en de bonnes mains. Le saint évêque avait grand soin d'indiquer aux simples fidèles différentes pratiques de piété propres à nourrir la ferveur, et principalement celle d'élever souvent son cœur à Dieu, et de faire le signe de la croix lorsque l'heure sonne. Il publia un nouveau rituel, afin d'introduire une parfaite uniformité dans la dispensation des choses saintes ; rétablit les conférences ecclésiastiques, toujours si utiles quand elles sont bien faites; recommanda très-fortement la fuite des procès, surtout aux ministres des autels; bannit ou prévint tous les abus par des règlemens pleins de sagesse, et tels qu'on devait les attendre d'un évêque qui avait pris saint Charles Borromée pour modèle.

Les difficultés qui s'opposaient au rétablissement de la religion catholique dans le bailliage de Gex, ayant été enfin levées, notre saint ne pensa plus qu'à en bannir l'hérésie qui depuis longtemps y causait de grands ravages; il partit donc avec quelques ecclésiastiques dignes de travailler sous ses ordres, et se mit à instruire de malheureux peuples qui étaient assis dans les ombres de la mort. Ses discours, et encore plus ses exemples, opérèrent une quantité prodigieuse de conversions. Les calvinistes, furieux du discrédit où tombait leur secte, et des pertes continuelles qu'elle faisait, résolurent de se défaire de celui qui en était l'auteur;

ls attentèrent plusieurs fois à sa vie, nais toujours inutilement, parce que)ieu prenait invisiblement la défense le son serviteur, dont la conservation ntéressait le bien de l'Eglise. Le saint vêque continua de travailler avec un gal succès. Enfin, la moisson fut si bondante, qu'il se vit en état de rétalir les églises et les pasteurs dans tout : bailliage de Gex, comme il avait déjà fait dans le Chablais.

Un autre objet non moins important l'occupa dans l'année 1605 : je veux dire, la réformation des monastères. Il commença par celui de Six, où il laissa des ordonnances dictées par l'esprit de sagesse et de vertu : mais les moines, accoutumés à une vie licencieuse, et ennemis de toute règle, en appelèrent au sénat de Chambéry. Le saint évêque suivit cet affaire avec la fermeté convenable, et obtint un arrêt qui confirmait ses ordonnances, et l'autorisait à réformer l'abbaye. Ce fut à Six qu'il apprit la désolation arrivée dans une vallée à trois lieues de là. Les sommets de deux montagnes s'étant détachés, avaient écrasé plusieurs villages, quantité de bestiaux, et un grand nombre d'habitans. Quoique les chemins fussent impraticables, il partit sur-le-champ pour aller consoler cette partie de son troupeau, d'autant plus digne de compassion, qu'elle était plus malheureuse. Son cœur fut vivement attendri à la vue de ces pauvres gens qui manquaient de tout, même d'habits et de maisons. Il mêla ses larmes aux leurs, les consola, leur distribua tout l'argent qu'il avait apporté, et leur obtint ensuite du duc de Savoie l'exemption de toutes taxes.

Les habitans de Dijon ayant enfin trouvé le moyen d'avoir l'agrément du duc de Savoie, le saint évêque alla prêcher le carême chez eux, comme ils l'en avaient prié. Ses sermons produisirent de merveilleux fruits, tant parmi les catholiques que parmi les calvinistes. Le carême fini, le corps de ville voulut lui témoigner sa reconnaissance, en lui faisant un riche présent; mais il ne fut pas possible de le déterminer à l'accepter. De retour à Annecy, il donna une nouvelle preuve de son désin téressement. Il refusa une abbaye considérable qui lui était offerte de la part de Henri IV, en disant qu'il craignait autant les richesses que d'autres pouvaient les désirer, et que moins il en posséderait, moins il aurait de compte à rendre. Une autre fois que le même prince le pressait d'accepter une pension, il pria sa majesté de lui permettre de la laisser entre les mains de son trésorier royal jusqu'à ce qu'il en eût besoin. Ce grand roi, frappé de cette réponse, qui n'était qu'un honnête refus, ne put s'empêcher de dire, « que » l'évêque de Genève, par cette heu- » reuse indépendance où sa vertu l'avait » mis, était autant au-dessus de lui, que » la royauté l'élevait au-dessus des au- » tres hommes. » Déterminé absolument à lui faire du bien, il l'assura qu'il demanderait un chapeau de cardinal pour lui à la première promotion. Le saint, qui n'aimait pas plus les honneurs que les richesses, répondit qu'il respectait la dignité qu'on lui offrait; mais que les grandeurs ne lui convenaient pas, et qu'elles apporteraient de nouveaux obstacles à son salut. Il sut aussi traverser les vues de Léon XI, qui avait dessein de l'agréger au sacré collége.

Cependant l'approche du carême l'obligea d'interrompre la visite générale de son diocèse qu'il faisait, et il se rendit à Chambéry, où le sénat l'avait prié de prêcher. Il se serait bientôt repenti de sa complaisance s'il eût été un homme ordinaire. En effet le sénat ordonna la saisie de son temporel, sur le refus qu'il fit de publier des monitoires pour une affaire peu importante, et qui ne méritait pas qu'on employât les censures ecclésiastiques. Il répondit tranquillement à ceux qui lui signifièrent l'arrêt, qu'il remerciait Dieu de lui avoir appris qu'un évêque devait être tout spirituel. Il oublia dans le moment même l'injure qu'il recevait, et, au lieu d'en porter ses plaintes au duc de Savoie, il continua de prêcher le carême comme si on ne lui eût pas manqué. Cette conduite édifia toute la ville de Chambéry; le sénat rougit de son arrêt, accorda de son propre mouvement au saint la main levée de la saisie de son temporel.

Les sermons du saint évêque de Genève produisaient partout les plus grands fruits. Néanmoins il aimait mieux prêcher dans les villages que dans les grandes villes, où les applaudissemens faisaient beaucoup souffrir son humilité. Il avait d'ailleurs une tendresse toute particulière pour les pauvres. On lui en présenta un qui était sourd et muet; il le logea dans son propre palais, se chargea lui-même de l'instruire par signes, et vint à bout de le confesser. Ses aumônes étaient si abondantes, qu'elles paraissent incroyables quand on les compare avec la modicité de son revenu. Il donnait toujours sans penser à ce qu'exigeait l'entretien de sa maison, jusque-là que son intendant, qui manquait souvent de fonds, le querellait, et le menaçait quelquefois de le quitter. « Vous avez » raison, répondit le saint avec une » naïveté admirable, je suis un incor» rigible, et, qui pis est, j'ai bien l'air » de l'être long-temps. » Il lui disait une autre fois en lui montrant un crucifix : « Peut-on refuser quelque chose

» à un Dieu qui s'est mis en cet état
» pour nous? »

Notre saint, dont la réputation croissait de jour en jour, reçut des lettres de Rome en 1607; elles lui avaient été écrites de la part de Paul V, qui occupait alors la chaire de saint Pierre. On lui demandait son sentiment sur la fameuse contestation qui divisait alors les dominicains et les jésuites. Il s'agissait de la manière dont la grâce agit avec la liberté de l'homme; ce qui a fait donner aux congrégations qui se tinrent à ce sujet, le titre de congrégation *de auxiliis*. Le saint fit une réponse, mais conçue de manière qu'il ne prenait point de parti; conduite qu'il observa toujours dans les questions de l'école. Il est pourtant aisé d'apercevoir dans son *Traité de l'amour de Dieu*, quel était son sentiment. Au reste, il blâmait en général l'esprit du parti, comme contraire à la charité, et condamnait hautement cette sorte d'hommes qui, au lieu de consacrer à la gloire de Dieu un temps dont le prix est infini; le perdent à disputer sur des questions obscures et inutiles au salut.

Les amis du saint évêque ayant eu communication des lettres spirituelles qu'il avait écrites à une dame du monde pour lui tracer des règles de conduite, le prièrent d'en former un corps d'ouvrage suivi, où il montrerait que la dévotion est de tous les états, et qu'elle regarde le commun des chrétiens, comme ceux qui vivent dans les cloîtres; il se rendit à leurs instances, et composa le livre admirable de l'*Introduction à la vie dévote.* Cet ouvrage fut reçu avec un applaudissement universel, et on le traduisit dans toutes les langues qui se parlent en Europe. Henri IV en faisait une estime singulière, et prenait un plaisir incroyable à le lire. La reine Marie de Médicis en envoya un exemplaire magnifiquement relié et enrichi de pierreries, à Jacques I, roi d'Angleterre. Ce prince, tout ennemi qu'il était de l'Église romaine, éprouvait en le lisant une grande satisfaction; il ne s'en cachait pas, jusque-là qu'il demanda aux évêques protestans pourquoi ils n'écrivaient pas avec la même onction. Votre livre, mandait Pierre de Villars à notre saint, archevêque de Vienne, « votre livre m'en» chante; toutes les fois que je l'ouvre, » je me sens enflammé et ravi hors de » moi-même. » On se tromperait pourtant si l'on croyait que l'*Introduction à la vie dévote* n'essuya point de critiques; un ordre religieux entreprit de la décrier, sous prétexte que l'on y permettait la galanterie, les bons mots, le bal et la comédie. Un peu d'attention eût suffi pour découvrir qu'on attribuait au saint une doctrine qu'il n'avait point; mais un zèle mal réglé ne raisonne point, et se laisse subjuguer par le préjugé. Ce n'est pas encore tout, un prédicateur du même ordre osa déclamer en chaire de la manière la plus indécente contre le livre de l'*Introduction à la vie dévote*, et finit par le brûler en présence de son auditoire. Une scène aussi scandaleuse excita l'indignation de tous les honnêtes gens. Il n'y eut que le saint évêque de Genève qui ne fit point entendre de plaintes; il apprit même, sans ressentir aucune émotion, la nouvelle de l'affront qu'il venait de recevoir. Il faut avouer qu'une telle conduite suppose un homme d'une vertu bien héroïque, et l'on en conviendra pour peu que l'on considère jusqu'où va la délicatesse des auteurs pour les productions de leur esprit.

Quelque temps après parut le *Traité de l'amour de Dieu*, qui demanda beaucoup plus de lecture et de travail que l'*Introduction à la vie dévote*. Le saint y décrit, avec la plus grande vérité, les transports, les refroidissemens, les inquiétudes, les peines, les sécheresses qu'éprouve une âme qui aime Dieu; et il est d'autant plus croyable en tout ce qu'il dit sur cette sublime matière, que sa plume était dirigée par l'expérience. Quoique quelques endroits de ce livre ne puissent être compris que de ceux qui ont passé par les divers états dont nous venons de parler, celà n'a pas empêché qu'on n'ait toujours donné de justes éloges au mérite de l'exécution. Le général des chartreux ayant lu l'*Introduction à la vie dévote*, avait conseillé au saint prélat de ne plus écrire, sous prétexte que sa plume ne pourrait rien produire de comparable à ce livre; mais il n'eut pas plus tôt lu le *Traité de l'amour de Dieu*, qu'il lui conseilla de ne jamais cesser d'écrire, puisque ses derniers ouvrages effaçaient toujours les premiers. La lecture qu'en fit Jacques I, roi d'Angleterre, le toucha si vivement, qu'il marqua une grande envie de voir l'auteur. Dès que le saint en fut informé, il s'écria : » Qui me donnera les ailes de la co- » lombe pour voler dans cette île au- » trefois si féconde en saints, et au- » jourd'hui plongée dans les ténèbres » de l'erreur? Oui, si le duc, mon » souverain, veut me le permettre, » j'irai à cette nouvelle Ninive, j'irai » trouver le roi pour lui annoncer la » parole de Dieu, au risque de ma » propre vie. » Il aurait effectivement passé en Angleterre, si le duc de Savoie eût voulu y consentir. Ce prince, extrêmement jaloux de son autorité, craignait que François, venant à se fixer dans un pays étranger, ne fît la cession de son droit sur la principauté de Genève. Ce fut encore par un mouvement de cette même crainte qu'il lui refusa souvent la permission d'aller prêcher en France, où plusieurs villes se disputaient le bonheur de l'entendre.

Jean-Pierre Camus ayant été nommé à l'évêché de Belley en 1609, écrivit à notre saint pour le prier de venir faire la cérémonie de son sacre. François lui accorda cette satisfaction avec d'autant plus de plaisir, qu'il savait que son seul mérite l'avait élevé à l'épiscopat, et le rendrait infiniment utile à l'Église. Ces deux grands hommes furent toujours unis depuis par les liens d'une amitié aussi sainte qu'étroite. Ils se voyaient tous les ans, et avaient ensemble des conférences sur plusieurs matières spirituelles. Ce fut dans une de ces conférences que notre saint dit un jour à l'évêque de Belley ces paroles remarquables sur la correction fraternelle : « La vérité doit toujours être charitable. Un zèle amer ne produit que du mal. Les réprimandes sont une nourriture difficile à digérer ; il faut si bien les cuire au feu ardent de la charité, qu'elles perdent toute leur âpreté, autrement elles ressembleront à ces fruits mal mûrs qui donnent des tranchées. La charité ne cherche point ses intérêts, mais seulement la gloire de Dieu. L'amertume et la dureté viennent de la passion, de la vanité et de l'orgueil. Un bon remède, quand on l'applique à contre-temps, devient poison. Un silence judicieux est toujours meilleur qu'une vérité non charitable. »

On sait que nous sommes redevables à M. Camus du livre intitulé l'*Esprit de saint François de Sales*. C'est un recueil des paroles et des actions de ce saint : on y trouve véritablement son esprit, c'est-à-dire un esprit de douceur, d'humilité, d'oraison et de charité; et voilà aussi ce qui caractérise les écrits du saint évêque de Genève. Chaque mot inspire cette douceur et cette charité dont son cœur était rempli : c'est ce qui paraît surtout dans ses lettres, qu'on doit regarder comme un corps d'instructions touchantes et propres à toutes sortes de personnes, dans quelques circonstances qu'elles puissent se trouver.

Nous ne nous étendrons point sur l'ordre de la Visitation, que notre saint fonda en 1610, parce que nous réservons cet article pour la vie de la bienheureuse Jeanne-Françoise de Chantal; nous ne ferons donc ici que quelques observations générales sur cet institut. Le fondateur, qui ne voulait point l'exclusion des personnes infirmes ou d'une complexion délicate, choisit la règle de saint Augustin, qui prescrit peu d'austérités corporelles. Les religieuses devaient être rentées et posséder du bien en commun, afin que le manquement des choses nécessaires ne les empêchât point de vaquer aux exercices de la vie intérieure : mais chaque sœur en particulier était obligée à une pauvreté si absolue, qu'elle ne possédait rien en propre, pas même quant à l'usage : elles devaient, par cet effet, changer tous les ans de chambres, de lits, de croix, de chapelets et de livres. Il fallait, dans la réception des sujets, avoir égard, non à la naissance ou aux talens de l'esprit, mais à l'humilité seule. Le saint n'ordonna que le petit office de la sainte Vierge, persuadé que les méditations, les pieuses lectures, le recueillement perpétuel et les retraites fréquentes suppléeraient à la récitation du grand office. Quant aux autres règles qu'il fit, elles tendaient toutes à inspirer l'esprit de piété, de douceur, de simplicité et de charité. Le nouvel institut n'avait point de supérieur général; il était soumis immédiatement aux ordinaires. Il fut confirmé par le pape Paul V, qui lui donna de grands éloges, et l'érigea en corps de religion, sous le titre *de congrégation de la Visitation de sainte Marie*.

Cependant la santé du saint évêque de Genève s'affaiblissait de jour en jour; ce qui, joint à la multiplicité des affaires auxquelles il craignait de ne pouvoir suffire, le détermina à demander un coadjuteur. Son choix, de l'avis du cardinal Frédéric Borromée, archevêque de Milan, se fixa sur Jean-François de Sales son frère. Il est certain que les liens du sang n'entrèrent pour rien dans ses vues, et qu'il n'eut égard qu'au mérite personnel. Il préféra son frère à tout autre, uniquement parce qu'il le crut devant Dieu le plus digne de servir l'Église. Jean-François fut donc sacré évêque de Calcédoine, à Turin, en 1618. Quoique notre saint eût un coadjuteur, il ne laissa pas de continuer l'exercice de toutes les fonctions pastorales. Il s'absenta quelque temps pour aller prêcher le carême à Grenoble, comme il avait fait l'année précédente. Ses discours, qui avaient toujours une bénédiction particulière, ouvrirent les yeux à un grand nombre de calvinistes, qui se convertirent. On compta parmi eux le célèbre duc de Lesdiguières, qui fut depuis connétable.

Le saint fut chargé, en 1619, d'accompagner à Paris le cardinal de Savoie, qui allait demander en mariage, pour le prince de Piémont, Christine de France, sœur de Louis XIII. Son

zèle ne put rester oisif dans cette grande ville; il prêcha le carême à Saint-André-des-Arcs. Tout le monde courut à ses sermons, et la foule y fut si grande, que les personnes les plus qualifiées avaient peine à y trouver place. Les hérétiques et les libertins rentraient en eux-mêmes après l'avoir entendu, et lui demandaient des conférences particulières pour achever d'éclaircir leurs doutes. Souvent il lui arrivait de prêcher deux fois par jour. Un de ses amis lui ayant représenté qu'il devait ménager un peu plus sa santé, il répondit, en souriant, qu'il lui en coûtait moins de donner un sermon, que de trouver des excuses pour s'en dispenser. « D'ailleurs, ajoutait-il, j'ai été
» établi pasteur et prédicateur : ne
» faut-il pas que chacun exerce sa pro-
» fession ? Mais je suis surpris que les
» Parisiens courent à mes sermons
» avec un tel empressement, d'autant
» plus qu'il n'y a ni noblesse dans mon
» style, ni élévation dans mes pensées,
» ni beauté dans mes discours. Croyez-
» vous donc, lui répartit son ami, qu'ils

» aillent chercher l'éloquence dans vos
» discours ? Il leur suffit de vous voir
» en chaire. Votre cœur parle par votre
» visage et par vos yeux, ne fissiez-vous
» que dire *Notre Père*. Les expressions
» les plus communes deviennent toutes
» de feu dans votre bouche, et vont al-
» lumer les flammes du divin amour ;
» et voilà pourquoi chacune de vos pa-
» roles a tant de poids, et pénètre jus-
» qu'au cœur. Vous avez déjà tout dit,
» même quand vous croyez n'avoir
» rien dit encore ; vous avez une es-
» pèce de rhétorique à part, dont les
» effets sont merveilleux. » Le saint évêque se mit à sourire, et changea de conversation.

Le mariage du prince de Piémont avec Christine de France ayant été conclu, la princesse choisit l'évêque de Genève pour son premier aumônier. Son dessein était de l'attacher spécialement à sa personne, et de lui confier la direction de sa conscience : mais le saint refusa cette charge, alléguant pour raison qu'elle lui paraissait incompatible avec la résidence dont il ne se croyait pas dispensé, quoiqu'il eût un coadjuteur; et, s'il se rendit à la fin aux instances réitérées de la princesse, ce ne fut qu'à deux conditions : l'une qu'il résiderait dans son diocèse; l'autre, que, quand il n'exercerait point sa charge, il ne recevrait point le revenu qui y était attaché. Christine, comme pour lui donner l'investiture de sa nouvelle dignité, lui fit présent d'un très-beau diamant qu'elle lui re commanda de garder pour l'amour d'elle. « Madame, dit le saint, je vous » le promets, tant que les pauvres n'en » auront pas besoin. En ce cas-là, » répondit la princesse, contentez-vous » de l'engager, et je le dégagerai. Ma» dame, répliqua l'évêque de Genève, » je craindrais que cela n'arrivât trop » souvent, et que je n'abusasse enfin » de votre bonté. » La princesse l'ayant vu depuis à Turin sans le diamant, il lui fut aisé de deviner ce qu'il était devenu. Elle lui en donna un autre d'un plus grand prix encore, mais en lui recommandant bien de n'en pas faire comme du premier. « Madame, dit le saint

» prélat, je ne vous en réponds pas;
» je suis peu propre à garder les choses
» précieuses. » Comme la princesse parlait un jour de ce diamant, un gentilhomme lui dit qu'il était toujours engagé pour les pauvres, et *qu'il était moins à l'évêque de Genève, qu'à tous les gueux d'Annecy*. Effectivement notre saint avait une si grande tendresse pour les pauvres, qu'il ne pouvait rien leur refuser; il leur donnait jusqu'à des pièces d'argenterie de sa chapelle, et jusqu'à ses propres habits.

Il n'a pas tenu à la France qu'il n'ait été compté parmi nos saints évêques. Nous avons vu tout ce que fit Henri IV pour l'attacher à son royaume. Le cardinal Henri de Gondi, évêque de Paris, fut si touché de son rare mérite, qu'il le demanda pour coadjuteur, et qu'il mit tout en œuvre pour l'engager à consentir à ses désirs; mais il lui fut impossible d'arracher son consentement. François répondit toujours qu'il ne quitterait jamais l'église de Genève, que Dieu lui avait donnée pour épouse. Il donna aussi au cardinal des avis fort salutaires sur la conduite que doit tenir un évêque.

Lorsque notre saint fut de retour à Annecy, on lui apporta une année et demie de son revenu ; mais il ne voulut point le recevoir, sous prétexte qu'ayant été absent durant ce temps-là, il ne l'avait point gagné. Il fit donner à sa cathédrale la somme qu'on avait mise en réserve. On le vit reprendre ses différentes fonctions avec son zèle ordinaire, et ce zèle parut avec un nouvel éclat pendant la peste qui désola son troupeau. Il avait un talent admirable pour gagner le cœur de ses ennemis : c'était de n'opposer à leurs insultes et à leurs outrages que la douceur et les bienfaits. Le démon cependant lui en suscita un qui porta la noirceur et la scélératesse jusqu'à leur comble. Ce malheureux, outré des précautions que le saint évêque avait prises pour arrêter les désordres d'une courtisane qu'il entretenait, imagina une espèce de vengeance inouïe. Il lui supposa une lettre adressée à cette méchante femme, dans laquelle il lui prêtait le langage du plus effronté libertin ; et il lui fut d'autant plus aisé de réussir, qu'il avait trouvé le moyen de contrefaire parfaitement son style et son écriture. Cette lettre, étant devenue publique, en imposa à un grand nombre de personnes, même au duc de Nemours. L'évêque de Genève fut traité d'infâme hypocrite, et chargé des imputations les plus flétrissantes qui, par contre-coup, retombèrent sur les religieuses de la Visitation. Le saint, à qui sa conscience ne reprochait rien, souffrit patiemment les traits envenimés de la calomnie, bien persuadé que Dieu prendrait soin de justifier sa réputation. La vérité cependant ne parut qu'au bout de deux ans dans tout son jour ; mais ce fut avec des circonstances qui lui donnèrent une nouvelle force. Le calomniateur, se voyant au lit de la mort, avoua son crime en présence de plusieurs personnes : il en demanda pardon avec les sentimens d'un vif repentir, et conjura tous les assistans de publier sa rétractation. Ainsi furent justifiés le saint évêque de Genève et ses filles spirituelles qui avaient eu part à sa diffamation.

Jamais personne ne se confia plus en la Providence que notre saint. Comme il s'était fait une habitude de regarder tous les événemens dans les décrets de la volonté divine, il s'y soumettait avec résignation, et même avec joie. De cette disposition naissait en lui un souverain mépris de toutes les choses du monde, des dangers et des souffrances. Il ne considérait en tout que la gloire de Dieu, et y rapportait l'usage de chacune des facultés de son ame. La divine charité épuisait toutes ses affections, se répandait jusque sur son extérieur, et enflammait son visage, surtout lorsqu'il disait la sainte Messe, comme nous l'avons déjà observé, ou lorsqu'il donnait la communion au peuple. Souvent elle le brûlait avec tant de vivacité, qu'il s'écriait, en conversant avec ses amis : » Ah! si vous connaissiez les consola- » tions dont mon ame est inondée, » vous en remercieriez pour moi la » bonté divine, et vous la prieriez de

» m'accorder la force d'exécuter les » saintes inspirations qu'elle m'envoie. » Mon cœur ressent un désir inexpri- » mable d'être la victime perpétuelle » de l'amour de mon Sauveur. Quel » bonheur que de ne vivre, de ne tra- » vailler, de ne se réjouir qu'en Dieu ! » J'espère que par sa grâce je ne serai » plus rien aux créatures, et que les » créatures ne me seront plus rien » qu'en lui et pour lui. » Une autre fois il s'écriait : « Ah ! si je savais que » la moindre affection de mon cœur ne » fût pas pour Dieu, je l'en arracherais » aussitôt. Oui, si je croyais que tout » mon cœur ne portât pas l'empreinte » de Jésus crucifié, je ne le garderais » pas un instant. »

Cependant la santé de notre saint dépérissait tous les jours. Il vit bien lui-même que sa mort n'était pas éloignée ; aussi ne manqua-t-il pas d'avertir ses amis qu'ils ne le reverraient plus, lorsqu'il partit pour Avignon en 1622. Le duc de Savoie lui avait mandé de le joindre dans cette ville, où il devait aller saluer le roi Louis XIII, qui venait de soumettre les huguenots du Languedoc. Il s'interdit, par un esprit de mortification, la vue de la pompe avec laquelle le roi fit son entrée dans Avignon, et passa en prières tout le temps que dura la cérémonie. Ayant été obligé de suivre la cour de Lyon, l'intendant de la province et plusieurs autres personnes de marques se disputèrent le bonheur de le loger; mais il trouva le moyen de les refuser honnêtement, et logea dans la chambre du jardinier de la Visitation, afin d'imiter, autant qu'il était en lui, la pauvreté de Jésus-Christ. Cet éloignement des distinctions, lequel avait l'humilité pour base, augmenta encore la haute idée que l'on avait de son éminente sainteté. Le roi et la reine mère lui donnèrent plusieurs fois des preuves publiques de leur estime, ainsi que les princes et les seigneurs les plus qualifiés de la cour.

Quoique la santé du saint évêque fût dans un état déplorable, il ne laissa point, malgré cela, de suivre les mouvemens de son zèle; il prêcha encore la veille et le jour de Noël. Le lendemain il s'aperçut que sa vue et ses forces diminuaient; et il se trouva si mal l'après-midi, qu'il fallut le mettre au lit. On découvrit bientôt tous les symptômes d'une apoplexie. Comme le saint était toujours en pleine connaissance, il demanda l'extrême-onction, et elle lui fut administrée. Il ne reçut point le saint viatique, parce qu'il avait dit la messe le matin, et que d'ailleurs il avait de fréquens vomissemens; ensuite il ne pensa plus qu'à produire les actes convenables aux mourans. On l'entendait répéter avec une ferveur tout angélique plusieurs passages de l'Écriture, et ceux-ci entr'autres : « Mon » cœur et ma chair se sont réjouis dans » le Dieu vivant. Je chanterai les miséricordes du Seigneur pendant toute » l'éternité. Quand paraîtrai-je devant » sa face? Montrez-moi, ô mon bien-aimé! où vous paissez, et où vous vous » reposez à midi. O mon Dieu! mon » désir est devant vous, et mes gémissemens ne vous sont point inconnus. Mon » Dieu et mon tout, mon désir est celui des collines éternelles. » Cependant comme l'apoplexie se formait insensiblement, on lui mit les vésicatoires, et on lui appliqua le fer chaud sur la nuque du cou, et le bouton de fer sur le haut de la tête, qui en fut brûlée jusqu'à l'os. Au milieu des larmes qui lui étaient arrachées par la douleur, il répétait souvent ces paroles : « Lavez-» moi, Seigneur, de mes iniquités ; » ôtez-moi mon péché, purifiez-moi » toujours de plus en plus. Que fais-je » ici, ô mon Dieu ! éloigné, séparé de » vous ? » Puis adressant la parole aux assistans, qui fondaient en larmes : « Ne pleurez point, mes enfans; ne » faut-il pas que la volonté de Dieu » s'accomplisse ? » Quelqu'un l'ayant exhorté à dire avec saint Martin : « Seigneur, si je suis encore nécessaire » à votre peuple, je ne refuse pas le » travail. » Il parut blessé de ce qu'on le comparait à un si grand saint, et répondit qu'il était un serviteur inutile, dont Dieu ni son peuple n'avaient besoin. Enfin l'apoplexie allant toujours en croissant, il perdit la parole, et mourut le 28 décembre 1622, à huit heures du soir. Il était à la cinquante-sixième année de son âge, et à la vingtième de son épiscopat.

Quand on fut assuré de sa mort, on l'ouvrit pour l'embaumer. On porta son cœur, enfermé dans une boîte de plomb, à l'église de la Visitation de Belle-Cour, à Lyon; on le mit ensuite dans un reliquaire d'argent, puis dans un reliquaire d'or donné par Louis XIII. Comme le saint avait choisi à Annecy le lieu de sa sépulture, on y transporta solennellement son corps, qui fut enterré dans une chapelle à côté du sanctuaire de l'église du premier monastère de la Visitation. Alexandre VII ayant béatifié le serviteur de Dieu en 1661, on exhuma son corps pour le placer sur le grand autel dans une belle châsse d'argent. Le même pape canonisa le bienheureux évêque de Genève en 1665, et fixa sa fête au 29 janvier, jour auquel son corps avait été porté à Annecy.

La bulle de la canonisation de notre saint rapporte sept miracles des plus authentiques, opérés par son intercession et par la vertu de ses reliques. Ces miracles sont la résurrection de deux morts, les guérisons d'un aveugle-né, d'un paralytique et de trois perclus. Le cardinal Chigi, depuis pape sous le nom d'Alexandre VII, Louis XIII, Louis XIV, et plusieurs autres personnes furent toute leur vie persuadées qu'elles avaient été guéries de maladies dangereuses par l'intercession du saint évêque de Genève. On n'en doit point être surpris, puisque, de son vivant même, Dieu le favorisa du don des miracles, qui éclata surtout dans les missions qu'il entreprit.

La douceur était la vertu dominante de saint François de Sales. Il disait un jour qu'il avait été trois ans à l'étudier à l'école de Jésus-Christ, et que son cœur ne pouvait se contenter là-dessus. Si celui qui était la douceur même croyait en avoir si peu, que dirons-nous de ceux dont le cœur est si rempli d'amertume, et dont les manières et les paroles portent si souvent l'empreinte du trouble et de la colère? Rien n'étant plus propre à déconcerter les supérieurs que cette multiplicité d'affaires et cette affluence de monde qui ne leur laissent pas un moment pour respirer, le saint disait à ce sujet : « Dieu sonde par-là nos cœurs, afin » de voir s'ils sont à l'épreuve, et ar» més de toutes pièces. Je me suis » quelquefois trouvé dans ce cas ; mais » j'ai fait un pacte avec mon cœur et » avec ma langue, pour les contenir dans » les règles du devoir. Toutes ces per» sonnes, qui arrivent coup sur coup, » sont des enfans qui courent dans le » sein de leur père. Jamais une poule » ne se fâche quand les poussins se » jettent tous à la fois sous ses ailes ; » au contraire, elle les étend le plus » qu'elle peut, afin de les couvrir tous. » Il me semble que mon cœur se dilate » à mesure que le nombre de ces bon» nes gens s'accroît. Le remède le plus » souverain que je connaisse contre » les émotions subites d'impatience, » est un silence doux et sans fiel. Quel» que peu de paroles que l'on dise, » l'amour-propre s'y glisse, et il échap» pe des choses qui jettent le cœur

» dans l'amertume pour vingt-quatre
» heures. Lorsqu'on ne dit mot, et
» qu'on sourit de bon cœur, l'orage
» passe; on étonne la colère et l'indis-
» crétion, et l'on goûte une joie pure
» et durable.... Quiconque possède la
» douceur chrétienne, a un cœur ten-
» dre pour tout le monde; il est porté
» à pardonner et à excuser les fragilités
» des autres. Il témoigne la bonté de
» son cœur par une douce affabilité
» qui influe sur ses paroles et ses ac-
» tions, et lui fait trouver tout agréa-
» ble; il s'interdit tout discours sec,
» brusque, impérieux. Une aimable
» sérénité est toujours peinte sur son
» visage; il ne ressemble point à ces
» gens qui ne lancent que des regards
» furieux, qui ne savent que refuser,
» ou qui accordent de si mauvaise
» grâce, qu'ils perdent tout le mérite
du bienfait. »

Quelques personnes l'ayant un jour blâmé de son indulgence pour les pécheurs, il leur répondit : « S'il y avait
» quelque chose de meilleur que la dou-
» ceur, Dieu nous l'aurait appris; mais

» il ne nous recommande que deux
» choses, d'être doux et humbles de
» cœur. Me voulez-vous empêcher
» d'observer le commandement de
» Dieu, et d'imiter le plus que je pour-
» rai la vertu dont il nous a donné
» l'exemple, et dont il fait un si grand
» cas? Sommes-nous donc plus savans
» que Dieu? » Quand les apostats et
et les pécheurs les plus abandonnés
avaient recours à lui, il leur ouvrait
son cœur avec une tendresse inexpri-
mable, et les recevait comme le père
de l'enfant prodigue reçut son fils.
« Venez, disait-il, mes chers enfans,
» venez que je vous embrasse, et que
» je vous mette dans mon cœur. Dieu
» et moi, nous vous assisterons. Je ne
» vous demande qu'une chose, qui est
» de ne point vous désespérer : je me
» charge de tout le reste. » Il les regardait avec des yeux qui annonçaient
la sincérité de ses sentimens; il leur
ouvrait sa bourse, son cœur et toutes
ses entrailles. Il disait à tous ceux qui
se scandalisaient de ce procédé, et qui
lui représentaient qu'il enhardissait à

pécher par l'impunité : « Ne voyez-vous
» pas que ce sont mes brebis ? Notre
» Seigneur leur a donné tout son sang ;
» comment leur refuserai-je mes lar-
» mes ? Ces loups se changeront en
» agneaux : un jour viendra qu'ils se-
» ront plus saints que tous tant que nous
» sommes. Si Saul eût été rejeté, ja-
» mais on n'aurait eu saint Paul. »

La B. Jeanne-Françoise de Chantal a caractérisé l'esprit et les vertus de saint François de Sales d'une manière si naïve et si touchante, dans une de ses lettres, que nous avons cru devoir l'insérer ici ; elle est plus énergique que tout ce que nous aurions pu dire.

LETTRE

DE LA VÉNÉRABLE MÈRE DE CHANTAL, AU R. P. D. JEAN DE SAINT-FRANÇOIS, DE L'ORDRE DES FEUILLANTS.

..... Premièrement, MON TRÈS-CHER PÈRE, je vous dirai que j'ai reconnu en mon bienheureux Père et Seigneur, un don de très-parfaite foi, laquelle était accompagnée d'une grande clarté, de certitude, de goût et de suavité extrême; il m'en a fait des discours admirables, et me dit une fois que Dieu l'avait gratifié de beaucoup de lumières et de connaissances pour l'intelligence des mystères de notre sainte foi, et qu'il pensait bien posséder le sens et l'intention de l'Eglise, en ce qu'elle enseigne à ses enfans : mais de ceci, sa vie et ses œuvres rendent témoignage. Dieu avait répandu au centre de cette très sainte ame, ou, comme il dit, en la cime de son esprit, une lumière, mais si claire, qu'il voyait d'une simple vue les vérités de la foi et leur excellence; ce qui lui causait de grandes ardeurs, des extases et des ravissemens de volonté, et il se soumettait à ces vérités qui lui étaient montrées, par un simple acquiescement et sentiment de sa volonté. Il appelait le lieu où se faisaient ces clartés, le sanctuaire de Dieu, où rien n'entre que la seule ame avec son Dieu : c'était le lieu de ses retraites, et son plus ordinaire séjour; nonobstant ses continuelles occupations extérieures, il tenait son esprit en cette solitude intérieure tant qu'il pouvait. J'ai toujours vu ce bienheureux aspirer et ne respirer que le seul désir de vivre selon les vérités de la foi et les maximes de l'Evangile : cela se verra ès mémoires. Il disait que la vraie manière de servir Dieu était de le suivre et marcher après lui sur la fine pointe de l'ame, sans aucun appui de consolation, de sentiment ou de lumière, que celui de la foi nue et simple; c'est pourquoi il aimait les délaissemens, les abandonnemens et les désolations intérieures.

Il me dit une fois qu'il ne prenait point garde s'il était en consolation ou désolation; et quand notre Seigneur lui donnait de bons sentimens, il les recevait en simplicité; s'il ne lui en donnait point, il n'y pensait pas : mais c'est la vérité, que, pour l'ordinaire, il avait de grandes suavités intérieures, et l'on voyait cela fréquemment; aussi tirait-il de bonnes pensées de toutes choses, convertissant tout au profit de l'ame. Mais surtout il recevait ces grandes lumières en se préparant pour ses sermons, ce qu'il faisait ordinairement en se promenant, et m'a dit qu'il tirait l'oraison de l'étude, et en sortait fort éclairé et affectionné. Il y a plusieurs années qu'il me dit qu'il n'avait pas de goûts sensibles en l'oraison, et que ce que Dieu opérait en lui, était par des clartés et des sentimens insensibles qu'il répandait en la partie intellectuelle de son ame, et que la partie inférieure n'y avait aucune part : à l'ordinaire, c'étaient des vues et des sentimens de l'unité très simple, et des émanations divines auxquelles il ne s'enfonçait pas, mais les recevait simplement avec une très profonde révérence et humilité; car sa méthode était de se tenir très simple, très humble, très petit et très abaissé devant son Dieu, avec une singulière révérence et confiance, comme un enfant d'amour. Souvent il m'a écrit que quand je le verrais, je lui fisse ressouvenir de me dire ce que Dieu lui avait donné en la sainte oraison, et comme je lui demandais, il me répondit : Ce sont des choses si minces, si simples et si délicates, qu'on ne les peut dire quand elles sont passées; les effets en demeurent seulement dans l'ame.

Plusieurs années avant son décès, il ne prenait presque plus de temps pour faire l'oraison; car ses affaires l'accablaient, et un jour je lui demandais s'il l'avait faite. Non, me dit-il; mais je fais bien ce qui la vaut. C'est qu'il se tenait toujours dans cette union avec Dieu, et disait qu'en cette vie il faut faire l'oraison d'œuvre et d'action : mais c'est la vérité que sa vie était une continuelle oraison. Par ce qui est dit, il est aisé à croire que ce bienheureux ne se contentait pas seulement de jouir de la délicieuse union de son ame avec son Dieu dans l'oraison; non certes, car il aimait également la volonté de Dieu en tout; et assurément je crois qu'en ses dernières années, il était parvenu à une telle pureté, qu'il désirait ne vouloir, n'aimer et ne voir plus que Dieu en toutes choses; aussi le voyait-on absorbé en Dieu, et disait qu'il n'y avait plus rien au monde qui lui pût donner du contentement que Dieu; et ainsi il vivait, non plus lui certes, mais Jésus-Christ vivait en lui.

Cet amour général de la volonté de Dieu était d'autant plus excellent et pur, que cette ame sainte n'était pas sujette à changer, ni à se tromper, à cause de la très claire lumière que Dieu y avait répandue, par laquelle il voyait naître les mouvemens de l'amour-propre qu'il retranchait fidèlement, afin de s'unir toujours plus purement à Dieu; aussi m'a-t-il dit que quelquefois, au fort de ses plus grandes afflictions, il sentait une douceur cent fois plus douce qu'à l'ordinaire; car, par le moyen de cette union intime, les choses les plus amères lui étaient rendues savoureuses.

Mais si votre révérence veut voir clairement l'état de cette très sainte ame sur ce sujet, qu'elle lise, s'il lui plaît, les trois ou quatre derniers chapitres du neuvième livre de l'amour divin; il animait toutes ses actions du seul motif du divin bon plaisir; et véritablement, comme il est dit en ce livre sacré, il ne demandait ni au ciel, ni en la terre, que de voir la volonté de Dieu accomplie. Combien de fois a-t-il prononcé d'un sentiment tout extatique ces paroles de David : O Seigneur! qu'y a-t-il au ciel pour moi, et que veux-je en terre, sinon vous? Vous êtes ma part et mon héritage éternellement. Aussi ce qui n'était pas Dieu ne lui était rien, et c'était sa maxime. De cette union si parfaite procédaient ces éminentes vertus que chacun a pu remarquer, cette générale et universelle indifférence qu'on voyait en lui ordinairement; et certes, je ne lis point ces chapitres qui en traitent au neuvième livre de l'amour divin, que je ne vois clairement qu'il pratiquait ce qu'il enseignait selon les occasions. Cet enseignement si peu connu, et toutefois si excellent, *ne demandez rien, ne désirez rien, ne refusez rien,* lequel il a pratiqué si fidèlement jusqu'à l'extrémité de sa vie, ne pouvait partir que d'une ame entièrement indifférente, et morte à soi-même. Son égalité d'esprit était incomparable; car qui l'a jamais vu changer de posture en nulle sorte d'actions? Si lui ai-je vu recevoir de rudes attaques; mais cela se prouve par les mémoires : ce n'était pas qu'il n'eût de vifs ressentimens, surtout quand Dieu en était offensé, et le prochain opprimé, on le voyait en ces occasions se taire, et se retirer en lui-même avec Dieu, et demeurait là en silence, ne laissant toutefois de travailler, et promptement, pour remédier au mal arrivé, car il était le refuge, le secours et l'appui de tous.

La paix de son cœur n'était-elle pas divine, et tout-à-fait imperturbable; aussi était-elle établie dans la parfaite mortification de ses passions, et en la totale soumission de son ame à Dieu. Qu'est-ce, me dit-il une fois à Lyon, qui saurait ébranler notre paix? Certes, quand tout se bouleverserait sens dessus dessous, je ne m'en troublerais pas; car que vaut le monde ensemble, sans la paix du cœur?

Cette fermeté procédait, ce me semble, de son attentive et vive foi; car il regardait partir tous les événemens, grands et petits, de l'ordre de cette divine Providence en laquelle il se reposait avec plus de tranquillité que jamais ne fit enfant unique dans le sein de sa mère. Il nous disait aussi que notre Seigneur lui avait enseigné cette leçon dès sa jeunesse, et que s'il fût venu à renaître, il eût plus méprisé la prudence humaine que jamais, et se fût tout-à-fait laissé gouverner à la divine Providence; il avait des lumières très grandes sur ce sujet, et y portait fort les ames qu'il conseillait et gouvernait.

Pour les affaires qu'il entreprenait et que Dieu lui avait commises, il les a toujours toutes ménagées et conduites à l'abri de ce souverain gouvernement;

et jamais il n'était plus assuré d'une affaire, ni plus content parmi les hasards, que lorsqu'il n'avait point d'autre appui. Quand, selon la prudence humaine, il prévoyait de l'impossibilité pour l'exécution du dessein que Dieu lui avait commis, il était si ferme en sa confiance, que rien ne l'ébranlait, et là-dessus il vivait sans souci ; je le remarquais quand il eut résolu d'établir notre congrégation ; il disait : Je ne vois point de jour pour cela, mais je m'assure que Dieu le fera. Ce qui arriva en beaucoup moins de temps qu'il ne pensait. A ce propos il me vient en l'esprit qu'une fois, il y a longues années, il fut attaqué d'une vive passion qui le travaillait fort ; il m'écrivit : Je suis fort pressé, et me semble que je n'ai nulle force pour résister, et que je succomberais si l'occasion m'était présente : mais plus je me sens faible, plus ma confiance est en Dieu, et m'assure qu'en la présence des objets, je serais revêtu de force et des vertus de Dieu, et que je dévorerais mes ennemis comme des agnelets.

Notre saint n'était pas exempt des

sentimens et émotions des passions, et ne voulait pas qu'on désirât d'en être affranchi : il n'en faisait point d'état que pour les gourmander, à quoi, disait-il, il se plaisait ; il disait aussi qu'elles nous servaient à pratiquer les vertus les plus excellentes, et à les établir plus solidement dans l'ame : mais il est vrai qu'il avait une autorité si absolue sur ses passions, qu'elles lui obéissaient comme des esclaves ; et sur la fin de sa vie, il n'en paraissait quasi plus.

Mon très cher Père, c'était l'ame la plus hardie, la plus généreuse et puissante à supporter les charges et travaux, et à poursuivre les entreprises que Dieu lui inspirait, que l'on ait su voir : jamais il n'en démordait, et disait que quand notre Seigneur nous commet une affaire, et ne la fallait point abandonner, mais avoir le courage de vaincre toutes les difficultés.

Certes, mon très cher Père, c'était une grande force d'esprit, que de persévérer au bien, comme notre saint a fait. Qui l'a jamais vu se détraquer, ni perdre un seul point de la modestie ? qui a vu sa patience ébranlée, ni son ame altérée contre qui que ce soit? Aussi avait-il un cœur tout-à-fait innocent; jamais il ne fit aucun acte de malice ou amertume de cœur, non certes : jamais a-t-on vu un esprit si doux, si humble, si débonnaire, si gracieux et affable qu'était le sien? Et avec cela, quelle était l'excellence et la solidité de sa prudence et sagesse naturelle et surnaturelle que Dieu avait répandue en son esprit, qui était le plus clair, le plus net et universel qu'on ait jamais vu?

Notre Seigneur n'avait rien oublié pour la perfection de cet ouvrage que sa main puissante et miséricordieuse s'était elle-même formé. Enfin la divine bonté avait mis dans cette sainte ame une charité parfaite; et comme il dit que la charité entrant dans son ame, y loge avec elle tout le train des vertus, certes elle les avait placées et rangées dans son cœur avec un ordre admirable; chacune y tenait le rang et l'autorité qui lui appartenait : l'une n'entreprenait rien sans l'autre, car il voyait clairement ce qui convenait à chacune, et les degrés de leurs perfections; et toutes produisaient leurs actions selon les occasions qui se présentaient, et à mesure que la charité l'excitait à cela doucement et sans éclat; car jamais il ne faisait de mystère, ni rien qui donnât de l'admiration à ceux qui ne regardent que l'écorce et l'extérieur. Point de singularité, point d'action, ni de ces vertus éclatantes qui donnent dans les yeux de ceux qui les regardent, et font admirer le vulgaire.

Il se tenait dans le train commun, mais d'une manière si divine et céleste, qu'il me semble que rien n'était si admirable en sa vie que cela. Quand il priait, quand il était à l'office, ou qu'il disait la très sainte messe, à laquelle il paraissait un ange, pour la grande splendeur qui paraissait en son visage, vous ne lui voyiez faire aucune simagrée, ni même quasi lever ou fermer les yeux; mais il les tenait abaissés modestement, sans faire de mouvemens que ceux qui étaient nécessaires; et cependant on lui voyait un visage pacifique, doux et grave, et l'on pouvait juger qu'il était dans une grande tranquillité. Quiconque le voyait et l'observait en ses actions, était infailliblement touché, surtout quand il consacrait, car il prenait encore une nouvelle splendeur : on l'a remarqué mille fois; aussi avait-il un amour spécial au très adorable sacrement; c'était sa vie et sa seule force. O Dieu! quelle ardente et savoureuse dévotion avait-il quand il le portait aux processions! Vous l'eussiez vu comme un chérubin lumineux; il avait autour de ce divin sacrement des ardeurs inexplicables; mais il en a été parlé ailleurs, et de sa dévotion incomparable à Notre-Dame; c'est pourquoi je n'en parlerai pas. O Jésus! que l'ordre que Dieu avait mis dans cette bienheureuse ame était admirable! Tout était si rangé, si calme, et la lumière de Dieu si claire, qu'il voyait jusqu'aux moindres atomes de ses mouvemens; et il avait une vue si pénétrante pour ce qui regardait la perfection de l'esprit, qu'il discernait d'entre les choses les plus délicates et épurées; et jamais cette pure ame ne souffrait volontairement ce qu'elle voyait de moins parfait, car son amour plein de zèle ne lui eût pas permis. Ce n'est pas qu'il ne commit quelque imperfection, mais c'était par pure surprise et infirmité : mais qu'il en eût laissé attacher une seule à son cœur, pour petite qu'elle fût, je ne l'ai pas connu; au contraire, cette ame était plus pure que le soleil, et plus blanche que la neige en ses actions, en ses résolutions, en ses desseins et affections. Enfin, ce n'était que pureté, qu'humilité, simplicité et unité d'esprit avec son Dieu : aussi était-ce chose ravissante de l'ouïr parler de Dieu et de la perfection ; il avait des termes si précis et intelligibles, qu'il faisait comprendre avec une grande facilité les choses les plus délicates et relevées de la vie spirituelle.

Il n'avait pas cette lumière si pénétrante pour lui seul; chacun a vu et connu que Dieu lui avait communiqué un don spécial pour la conduite des ames, et qu'il les gouvernait avec une dextérité toute céleste; il pénétrait le fond des cœurs, et voyait clairement leur état, et par quels mouvemens ils agissaient; et tout le monde sait sa charité incomparable pour les ames, et que ses délices étaient de travailler autour d'elles. Il était infatigable en cela;

et ne cessait jamais qu'il ne leur eût donné la paix, et mis leur conscience en état de salut.

Quant aux pécheurs qui voulaient se convertir, et qu'il voyait faibles, qu'est-ce qu'il ne faisait pas autour d'eux ? Il se faisait pécheur avec eux, et mêlait tellement son cœur avec celui des pénitens, que jamais aucun ne lui a su rien céler.

Or, selon mon jugement, il me semble que le zèle du salut des ames était la vertu dominante en notre bienheuheureux père; car, en certaine façon, vous eussiez quelquefois dit qu'il laissait le service de Dieu pour préférer celui du prochain. Bon Dieu ! quelle tendresse ! quel support ! quelle douceur ! quel travail ! Enfin, il s'y est consumé : mais encore faut-il dire ceci, qui est remarquable. Notre Seigneur avait ordonné la charité en cette sainte ame; car autant d'ames qu'il aimait particulièrement, qui étaient en ce nombre infini, autant de divers degrés d'amour qu'il avait pour elles : il les aimait toutes parfaitement et purement selon leur rang, mais pas une également ; il remarquait en chacune ce qu'il pouvait connaître de plus estimable, pour leur donner le rang en sa dilection, selon son devoir, et selon la mesure de la grâce en elles.

Il portait un respect non pareil à ses prochains, parce qu'il regardait Dieu en eux, et eux en Dieu. Quant à sa dignité, quel honneur et quel respect lui portait-il? Certes, son humilité n'empêchait pas l'exercice de la gravité, majesté et révérence due à sa qualité d'évêque. Mon Dieu, oserais-je dire, je le dis, s'il se peut : il me semble naïvement que mon bienheureux père était une image vivante en laquelle notre Seigneur était peint; car véritablement l'ordre et l'économie de cette sainte ame était tout-à-fait surnaturelle et divine. Je ne suis pas seule en cette pensée; quantité de gens m'ont dit que quand ils voyaient ce bienheureux, il leur semblait voir notre Seigneur en terre.

Je suis, MON RÉVÉREND PÈRE, etc.

MAXIMES ET SENTENCES

LES PLUS REMARQUABLES

QUI SE TROUVENT RÉPANDUES DANS LES ÉCRITS DE SAINT FRANÇOIS DE SALES.

Celles qui regardent Dieu.

1. Il n'y a point de règle si générale qui n'ait son exception, sinon celle-ci : Rien contre Dieu.

2. Il ne faut jamais parler de Dieu, ni des choses qui regardent son service, par manière d'acquit, de devis et d'entretien, mais toujours avec un grand respect, estime et sentiment.

3. On demande des secrets pour s'avancer à la perfection : pour moi, je n'en sais point d'autre que celui-ci, savoir : d'aimer Dieu de tout son cœur, et son prochain comme soi-même.

4. Celui-là a moins de propre volonté, qui a plus de celle de Dieu.

5. A qui Dieu est tout, le monde n'est rien.

6. Il faut craindre les jugemens de Dieu sans découragement, et il faut s'encourager sans présomption.

7. Le moyen d'être simple, est de tenir son cœur près de Dieu, qui est un esprit très simple.

8. Pour donner un bon maintien à notre ame, il lui faut commander de faire toutes ses actions en la présence de notre Seigneur, et comme s'il lui ordonnait de les faire.

9. Le temps mal employé dans l'oraison est un temps dérobé à Dieu.

10. Tenez toujours votre vue ramassée en Dieu et en vous-même, et vous ne verrez jamais Dieu sans bonté, ni vous sans misère.

11. La plupart de nos manquemens viennent de ce que nous ne nous tenons pas assez en la présence de Dieu.

12. C'est une grande œuvre de piété que de suivre toujours la volonté de Dieu, et non pas ses mouvemens naturels, ni ses propres inclinations.

13. Il ne faut en ses actions regarder que ce que Dieu veut; et le connaissant, s'essayer de le faire gaiement, ou

du moins courageusement : et non-seulement cela, mais il faut encore aimer cette volonté de Dieu.

14. Ne regardez jamais à la substance des choses, mais à l'honneur qu'elles ont d'appartenir à Dieu.

15. Le grand profit de l'ame ne consiste pas tant à beaucoup penser à Dieu, qu'à beaucoup l'aimer.

16. Dieu donne souvent les plus grands travaux à ceux qu'il aime le plus.

17. Soyons ce que Dieu veut, pourvu que nous soyions à lui ; et ne soyons pas ce que nous voulons contre son intention.

18. Je suis, je serai, et je veux être à jamais à la merci de la providence de Dieu, sans que ma volonté y tienne d'autre rang que de suivante.

19. Dieu ne se plaît que dans les cœurs approfondis par l'humilité, avilis par la simplicité, élargis par la charité.

20. Considérez souvent que Dieu vous regarde de son œil d'amour parmi vos plus grandes incommodités, pour

voir comment vous vous y comportez : faites donc cordialement la pratique de son amour en ces occasions.

21. Nous ne devons pas nous dépouiller de nous-mêmes afin de demeurer nus, mais afin de nous revêtir de Jésus-Christ crucifié.

22. Immolez souvent votre cœur au triomphant amour du doux Jésus sur l'autel de la croix, en laquelle il immola le sien si glorieusement pour l'amour de vous.

23. Je n'aime point qu'on dise : Il faut faire ceci, ou cela, parce qu'il y a plus de mérite : il faut tout faire pour la gloire de Dieu.

24. Il faut lier nos affections, nos inclinations, nos passions et nos aversions avec la chaîne d'or du saint amour.

25. Vive Dieu ! si je savais qu'il y eût en mon cœur un seul filet d'affection qui ne fût pas à Dieu, et de Dieu, je l'arracherais sur-le-champ. Oui, si je savais un seul brin de mon cœur qui ne fût pas marqué au coin du crucifix, je ne voudrais pas le garder un seul moment.

Celles qui regardent le prochain.

1. Il faut pratiquer avec soin cette maxime : Ami de tous, familier à peu.

2. Rarement pouvons-nous dire un mensonge, pour petit qu'il soit, sans nuire au prochain.

3. Les païens aiment ceux qui les aiment, mais les chrétiens doivent aimer ceux qui ne les aiment pas, même ceux qui les haïssent.

4. Il y a une grande misère dans les hommes, en ce qu'ils savent si bien ce qui leur est dû, et savent si peu ce qu'ils doivent aux autres.

5. Tout le monde rejette les pécheurs, excepté notre Seigneur : il faut à son imitation les recevoir pour les lui amener.

6. Le zèle, pour être bon, ne doit être ni amer, ni inquiet, ni trop pointilleux; mais au contraire, il doit être doux, bénin, gracieux et paisible.

7. L'ame de notre prochain est l'arbre du bien et du mal : il est défendu d'y toucher pour en juger, sous peine

d'être châtié; parce que Dieu s'en est réservé le jugement.

8. Regardons le prochain d'un œil simple et affectionné, sans éplucher ce qu'il fait ni ce qu'il deviendra.

9. Si nous reconnaissons quelques défauts en lui, compâtissons charitablement, et désirons ardemment de les corriger.

10. Faisons comme les abeilles, suçons le miel de toutes les fleurs, c'est-à-dire, voyant les belles qualités de chacun, excitons en nous le désir de les imiter.

11. Il faut que l'amour que l'on porte au prochain soit fondé sur le solide fondement de la charité; car il sera bien plus ferme et constant que celui qui a son fondement en la chair et au sang, et au respect humain.

12. Ceux qui n'ont rien d'aimable sont bien heureux, en ce qu'ils sont assurés que l'amour qu'on leur porte est excellent, parce qu'il est tout en Dieu.

13. Il faut nous aimer ici-bas en terre, comme nous nous aimerons dans le ciel.

14. Le support des imperfections du prochain est un des principaux points de l'amour que nous lui devons.

15. C'est une injustice spirituelle de vouloir savoir l'intérieur d'autrui, et de ne vouloir rien dire du nôtre.

16. Quand nous exhortons le prochain à faire ce que nous ne faisons pas, il faut parler en qualité d'ambassadeur envoyé de la part de Dieu.

17. Nous ne devons pas seulement aimer notre prochain par inclination, ou parce qu'il est vertueux, ou parce que nous espérons qu'il le deviendra; mais principalement parce que telle est la volonté de Dieu.

18. Notre Seigneur répandant son sang sur la croix a fait un ciment sacré, avec lequel il a voulu cimenter, unir, joindre et attacher tous les fidèles, qui sont les pierres vivantes de son Église.

19. Il faut témoigner que l'on aime le prochain, pourvu que la sincérité accompagne toujours les témoignages de l'amour; et celui qui préviendra son prochain en bénédiction de dou-

cœur, sera le plus parfait imitateur de Dieu.

20. Jamais je ne me séparerai de mon Dieu si bon et si aimable; et je servirai mon prochain en lui, et pour l'amour de lui.

Celles qui regardent soi-même.

1. Celui qui mortifie davantage ses inclinations naturelles, attire davantage les inspirations surnaturelles.

2. Il faut vivre en ce monde comme si nous avions l'esprit au ciel et le corps au tombeau.

3. La raison accompagnée de douceur, a beaucoup plus de force et de lustre; mais accompagnée de colère, elle perd l'une et l'autre.

4. C'est un grand mal que de ne point faire de bien.

5. Celui qui est vraiment humble, ne pense jamais qu'on lui fasse tort.

6. Si quelqu'un veut être content en sa médiocrité, qu'il ne considère pas ceux qui ont plus, mais ceux qui ont moins; car à qui ne suffit pas ce qui suffit, rien ne suffit.

7. On dit beaucoup en se taisant, quand on sait se taire par modestie, tranquillité, égalité et patience.

8. La plus grande marque que nous puissions avoir en ce monde d'être en la grâce de Dieu, n'est pas le sentiment que nous avons de son amour, mais la résolution absolue de ne jamais consentir à aucun péché, grand ou petit.

9. Il ne faut jamais juger de soi selon le jugement des hommes, parce que pour l'ordinaire il est trompeur.

10. Quand on a commis quelque faute, il faut s'en humilier devant Dieu, se relever à l'instant, et n'y penser qu'au temps de la confession.

11. Il nous faut bien reconnaître notre néant, mais il n'y faut pas demeurer, car nous ne devons jamais nous anéantir que pour nous unir à Dieu qui est notre tout.

12. Ne regardez jamais vos croix qu'à travers la croix de notre divin Sauveur; et vous les trouverez si douces, ou du moins si agréables, que vous en aimerez plus la souffrance, que la

jouissance de toutes les consolations du monde.

13. Quand il arrive quelque notable difficulté, ne remuez rien que vous n'ayiez premièrement regardé l'éternité, et que vous ne vous soyiez mis dans une disposition chrétienne.

14. Tout ce qui n'est pas pour l'éternité, n'est que vanité.

15. Regardez souvent à la durée de l'éternité, et vous ne vous troublerez point des accidens de la vie de cette mortalité.

16. O que cette vie est trompeuse! et que ses consolations sont courtes! Elles paraissent en un moment, et un autre moment les emporte : et si ce n'était la sainte éternité où nous aspirons, nous aurions sujet de nous plaindre du malheur de notre condition humaine.

17. Il faut demeurer en la barque où Dieu nous a mis, pour faire le trajet de cette vie à l'autre; et il y faut demeurer volontiers et paisiblement.

18. Soyez bien aise que le monde ne tienne compte de vous : s'il vous

estime, moquez-vous-en joyeusement, et riez de son jugement, en connaissant votre misère; s'il ne vous estime pas, consolez-vous-en joyeusement.

19. Il faut haïr nos défauts, mais d'une haine tranquille et paisible, et non d'une haine dépiteuse et troublée.

20. Les tentations, telles qu'elles soient, nous troublent, parce que nous y pensons trop, et que nous les craignons trop : les tentations ne sauraient troubler un esprit qui ne les aime pas.

21. Toute dévotion est fausse, qui est incompatible avec notre état.

22. Ne faites rien par humeur, même les actions qui seraient les plus saintes; mais faites-les pour plaire à Dieu.

23. Nous devons tenir fort chères nos saintes affections; car la moindre vaut mieux que mille mondes.

24. Celui qui fait le bien qu'il sait, mérite que Dieu l'aide à connaître celui qu'il ignore. Nous sommes des géants à pécher, et des nains à bien faire. Nous ressemblons à l'air, lequel en l'absence du soleil est toujours obscur.

25. Excepté la grâce et la gloire, il ne faut rien désirer ni refuser, mais recevoir indifféremment tout ce qu'il plaira à Dieu de nous envoyer.

26. Il faut avoir une humilité noble et généreuse, qui ne fasse rien pour être louée, et qui n'omette rien de ce qu'il convient de faire, de peur d'être louée.

Celles qui regardent les vertus.

1. La douceur et l'humilité sont la base de la vraie piété.

2. Celui qui assemble et veut faire amas de vertus sans humilité, est semblable à celui qui porte en ses mains de la poussière au vent.

3. Ce n'est pas humilité de se reconnaître misérable ; il ne faut que de l'esprit pour cela : mais c'est humilité, que de vouloir et désirer que l'on nous tienne et que l'on nous traite pour tel.

4. La vérité et l'innocence reprennent toujours le dessus, quoi qu'on fasse pour les abaisser.

5. En quoi voulons-nous témoigner notre amour à celui qui a tant souffert

pour nous, si ce n'est entre les contrariétés, les répugnances et les aversions? Hé! fourrons notre cervelle à travers les épines des difficultés; laissons transpercer notre cœur de la lance de contradiction; mangeons l'absynthe et le chicotin, buvons le fiel, et avalons le vinaigre des amertumes temporelles, puisque c'est notre doux Sauveur qui le veut.

6. La croix est la porte royale pour entrer au temple de la sainteté. Qui en cherche ailleurs, n'en trouvera jamais un seul brin.

7. Aimons bien nos croix, car elles sont toutes d'or, si nous les regardons du biais qu'il faut : et quoique d'un côté nous y voyions l'amour de notre cœur, mort et crucifié entre les clous et les épines, de l'autre nous y trouverons un bel assemblage de pierres précieuses, pour en composer la couronne de gloire qui nous attend; pourvu qu'en l'attendant, nous portions amoureusement celle d'épines avec notre Seigneur.

8. Faire beaucoup, croire qu'on ne fait rien qui vaille; s'encourager pour-

tant, et toujours recommencer, c'est la marque d'un vrai esprit de Dieu.

9. Il ne faut pas quitter le service de Dieu, ni les bonnes œuvres, pour les contradictions et les ingratitudes que l'on y rencontre : car quiconque ne cherche que Dieu, n'abandonne point les affaires de Dieu pour les fautes des hommes.

10. L'homme qui s'abandonne à Dieu entièrement, est capable de faire mille bonnes œuvres ; et pourvu qu'il soit fidèle à lui en rendre tout l'honneur, il n'est pas croyable ce que Dieu fait pour lui.

11. Au succès des affaires, si elles sont bonnes, il faut les rapporter toutes à la gloire de Dieu ; si elles sont mauvaises, il faut examiner s'il n'y a point de notre faute, et en demander pardon ; si on n'en découvre point, il faut croire en général que c'est pour nos péchés.

12. La volonté nous porte souvent à des dévotions relevées et pleines d'éclat, et vous craignez le mépris : la vertu solide se contente de Dieu.

13. Quoiqu'il vous semble que toutes vos pensées viennent de Dieu, et que vous ne cherchez que sa gloire, ne vous y fiez pas : aimez toujours mieux suivre l'avis des autres que le vôtre. Ce n'est pas encore tout que de prendre conseil, il le faut suivre.

14. Il faut une fois pour toutes mettre sous les pieds ce malheureux : On dira, on fera, on se moquera ; car tout cela est poison. Il faut regarder ce que Dieu dira et ses anges, et s'en contenter.

15. Ne craignez que le seul péché : faites exactement le devoir de votre charge, sans vous mettre en peine de l'issue : examinez en toute rencontre ce que notre Seigneur aurait fait en cette occasion, et le faites.

16. Celui qui peut exercer la douceur parmi les douleurs, la générosité parmi les mauvais traitemens, et la paix entre les tracas, est presque parfait. La douceur, la suavité de cœur, et l'égalité d'humeur, sont vertus plus rares que la chasteté.

FIN.

Ce Volume fait partie d'une Collection annoncée sous le nom de

BIBLIOTHÈQUE SAINTE

Qui sera publiée dans le courant de l'année 1829, et qui contiendra

LES VIES DES SAINTS

LES PLUS ÉDIFIANTES,

Tirées textuellement de Godescard et du R. P. *Michel-Ange* Marin,

26 Volumes in-18,

de 100 à 120 pages, couvertures imprimées.

Prix : 6 Francs.

Ce Volume servira de *specimen* des caractères et du papier qui seront employés pour toute la collection.

On souscrit *à Troyes*, chez Vᵉ André et Anner, Libraires, place de l'Hôtel-de-Ville, Nº 5.

www.ingramcontent.com/pod-product-compliance
Lightning Source LLC
LaVergne TN
LVHW020344230826
846091LV00003B/986
9782011749000